Walther Ziegler

Nietzsche

in 60 Minuten

Dank an Rudolf Aichner für seine unermüdliche und kritische Redigierung, Silke Ruthenberg für die feine Grafik, Angela Schumitz, Christiane Hüttner, Dr. Martin Engler für das Lektorat und Prof. Guntram Knapp, der mich für die Philosophie begeistert hat. Besonderer Dank an Prof. Henning Ottmann, der mir Nietzsche nahe brachte.

Bibliografische Information der Deutschen Nationalbibliothek:
Die Deutsche Nationalbibliothek verzeichnet diese Publikation in der Deutschen
Nationalbibliografie; detaillierte bibliografische Daten sind im Internet über www.dnb.de
abrufbar.

© 2017 Dr. Walther Ziegler
Umschlaggestaltung und Grafik des gesamten Buches: Silke Ruthenberg
unter Verwendung von Illustrationen von:
Raphael Bräsecke, Creactive – Atelier für Werbung, Comic & Illustration (Zeichnungen)
© JackF - Fotolia.com (Bilderrahmen)
© Valerie Potapova - Fotolia.com (Bilderrahmen)
© Svetlana Gryankina - Fotolia.com (Sprechblasen)
Herstellung und Verlag:
BoD – Books on Demand, Norderstedt

ISBN 9783744864824

Inhalt

Nietzsches große Entdeckung

Friedrich Nietzsche (1844-1900) gilt unter allen Philosophen als der dunkelste, der radikalste und der umstrittenste. Der dunkelste, weil er einen tiefen Zweifel hegte an allem, was den Menschen bis dahin Trost, Geborgenheit und Hoffnung gab, der radikalste, weil er es wagte, alles mit der Wurzel auszureißen, was über Jahrhunderte Gültigkeit und Bestand hatte und der umstrittenste, weil seine provokante Philosophie bis zum heutigen Tag ebenso viele erbitterte Kritiker wie glühende Anhänger hat.

Nietzsches Werk ist mehr als nur ein Meilenstein der Philosophiegeschichte, es ist ein Wetterleuchten und eine Zeitenwende in der Selbstwahrnehmung der Menschheit. Sein Kerngedanke hat sich tief in das moderne Bewusstsein eingegraben. Mit einem einzigen kurzen Satz sprach er aus, was der gesamten westlichen Zivilisation bis zum heutigen Tag zum Problem werden sollte:

Gott ist todt![2]

Auf der ganzen Welt ist dieser Ausspruch bekannt, selbst bei denjenigen, die noch nie etwas von Nietzsche gehört haben. Denn er hat damit ein Gefühl auf den Punkt gebracht, das die Menschen im Gefolge der aufblühenden Naturwissenschaften ergriffen und nie mehr verlassen hat. Ein Gefühl, das im modernen Massenatheismus gipfelt und uns zwingt, die Sinnfrage völlig neu zu stellen. Dabei ist der Tod Gottes, den Nietzsche 1885 in seinem Hauptwerk Zarathustra proklamiert, kein singuläres Ereignis, sondern ein Prozess, der seine Schatten vorauswirft:

Was ich erzähle, ist die Geschichte der nächsten zwei Jahrhunderte. Ich beschreibe, was kommt, was nicht mehr anders kommen kann: *die Heraufkunft des Nihilismus.* [3]

Fast zweitausend Jahre lang konnte uns das Christentum die Welt erklären. Zweitausend Jahre lang fühlten sich die Menschen als Geschöpfe Gottes. Nietzsche spürte als einer der ersten, dass das alte Weltbild unwiederbringlich zerbrechen würde.

Sein Zeitgenosse Darwin entwickelte kurz zuvor die Evolutionstheorie, wonach der Mensch kein Geschöpf Gottes, sondern nur noch ein höheres Säugetier ist. Marx forderte die Menschheit auf, ihre Geschichte endlich selbst in die Hand zu nehmen, die Physik, die Medizin und die anderen Naturwissenschaften traten ihren weltweiten Siegeszug an. Alles, was nicht beweisbar war, wurde in Frage gestellt, die Schöpfungsgeschichte, die jungfräuliche Empfängnis und am Ende auch Gott selbst. Aber nicht nur die Wissenschaftler und Forscher, so Nietzsche, sondern wir alle haben Gott Schritt für Schritt seine welterklärende Kraft entzogen:

Wohin ist Gott? [...] *Wir haben ihn getödtet,* - ihr und ich! Wir Alle sind seine Mörder! [4]

Nietzsche bezeichnet sich selbst als „Antichristen" und „Immoralisten", doch sein Kerngedanke erschöpft sich keineswegs in der bloßen Kritik am Christentum und der Moral. Nein – ihn interessiert vor allem Eines: Wie soll es weitergehen, wenn der Glaube an das Jenseits in den nächsten zwei Jahrhunderten seine Kraft verloren hat? Was passiert, wenn der Nihilismus um sich greift und die religiöse Geborgenheit ein für alle Mal verloren geht?

Wohin bewegen wir uns? Fort von allen Sonnen? [...] Irren wir nicht wie durch ein unendliches Nichts? Haucht uns nicht der leere Raum an? [...] Kommt nicht immerfort die Nacht und mehr Nacht? [5]

Damit stellt Nietzsche die große Frage nach der Identität im Zeitalter des heraufziehenden Nihilismus. Mit dem Tod Gottes verlieren auch die Zehn Gebote, die Frömmigkeit und die Demut ihre ordnende Kraft. Gibt es dann überhaupt noch Werte, für die es sich zu leben und zu sterben lohnt?

Da diese Frage gerade heute brandaktuell ist, gilt Nietzsche als der erste postmoderne Denker. Warum postmodern? Die Moderne war noch getragen vom Optimismus und der Fortschrittserwartung der Aufklärung. Denker wie Rousseau, Voltaire, Montesquieu, Kant, Locke und Hume wollten die Menschen zwar auch von Aberglaube und Demut befreien. Aber Nietzsche ist radikaler. Er geht noch einen großen Schritt weiter und stellt die Frage, was denn nach dieser Befreiung passieren soll. Was gibt dem Leben noch einen Sinn, wenn alle mythischen und religiösen Weltbilder zerstört sind? Seine Antwort ist konsequent:

> Seitdem der Glaube aufgehört hat, dass ein Gott die Schicksale der Welt im Grossen leite [...] müssen die Menschen selber sich [...] die ganze Erde umspannende Ziele stellen. [...] Hierin liegt die ungeheure Aufgabe [...]. [6]

Wir haben also die „ungeheure Aufgabe", uns selbst die Ziele zu geben, die künftig auf der Erde gelten sollen. Das ist die große Freiheit, die uns nach dem Tod Gottes zukommt. Doch, so Nietzsche, anstelle sich dieser Freiheit bewusst zu werden und von ihr Gebrauch zu machen, erschaffen sich die Menschen sofort wieder neue Götter und Götzen, die ihnen Geborgenheit und Orientierung versprechen. Die „Kleingeister", so prognostiziert Nietzsche, werden anstelle der alten Gottesverehrung zu hunderttausenden materiellen Heilsversprechen Glauben schenken. Sie laufen künftig blind dem Nationalismus, Sozialismus, Rassismus oder den „Segnungen" des modernen Kapitalismus und der Demokratie hinterher. Nietzsche kritisiert erstaunlich weitsichtig diese neue Götzenverehrung. Als überzeugter Europäer ärgert er sich besonders über die Deutschtümelei seiner Zeitgenossen und jede Art von nationalistischer Ausrichtung:

> Giebt es irgend einen Gedanken hinter diesem Hornvieh-Nationalismus? Welchen Werth könnte es haben, jetzt, wo Alles auf größere und gemeinsame Interessen hinweist, diese ruppigen Selbstgefühle aufzustacheln? [7]

Neben den nationalistischen „Hornviechern" gibt es auch viele „Schafe", die anstelle der alten Religion einen Führer brauchen, dem sie hinterherlaufen können:

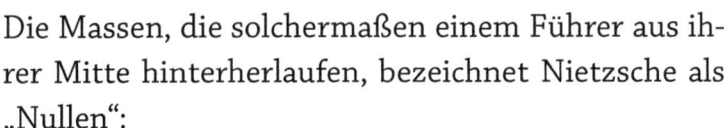

Die armen Schafe sagen zu ihrem Zugführer: „gehe nur immer voran, so wird es uns nie an Muth fehlen, dir zu folgen." Der arme Zugführer aber denkt bei sich: „folgt mir nur immer nach, so wird es mir nie an Muth fehlen, euch zu führen." [8]

Die Massen, die solchermaßen einem Führer aus ihrer Mitte hinterherlaufen, bezeichnet Nietzsche als „Nullen":

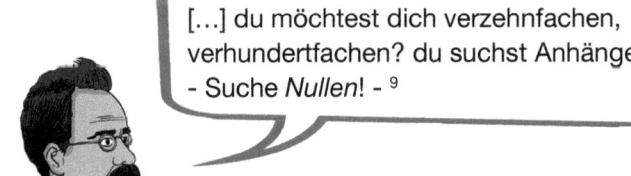

[...] du möchtest dich verzehnfachen, verhundertfachen? du suchst Anhänger? - Suche *Nullen*! - [9]

Auch den Antisemitismus sieht Nietzsche als kleingeistigen Versuch einer Sinngebung und als Pseudo-überhöhung des eigenen Daseins:

> Die Antisemiten vergeben es den Juden nicht, dass die Juden „Geist" haben – und Geld: der Antisemitismus – ein Name der „Schlechtweggekommenen" [10]

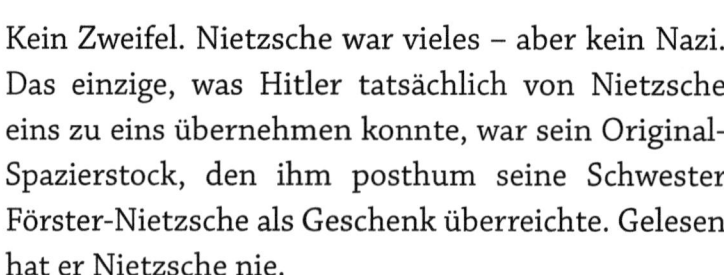

> Es giebt gar keine unverschämtere und stupidere Bande in Deutschland, als diese Antisemiten. [11]

Kein Zweifel. Nietzsche war vieles – aber kein Nazi. Das einzige, was Hitler tatsächlich von Nietzsche eins zu eins übernehmen konnte, war sein Original-Spazierstock, den ihm posthum seine Schwester Förster-Nietzsche als Geschenk überreichte. Gelesen hat er Nietzsche nie.

So wie Nietzsche den Nationalismus und Antisemitismus verurteilt, sieht er auch den Sozialismus als

Gefahr an. Denn auch der Sozialismus gibt den Entwurzelten nach dem Tod Gottes wieder ein neues Heilsversprechen. Doch statt der versprochenen Erlösung im Arbeiterparadies steht am Ende die Unterdrückung jeder Individualität:

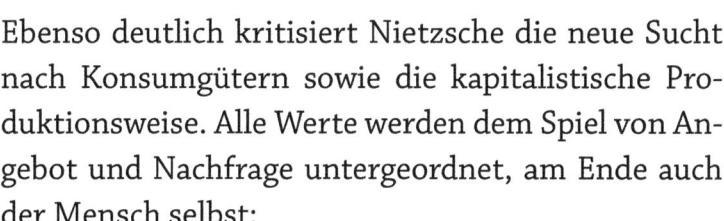

Der Socialismus [...] begehrt eine Fülle der Staatsgewalt, wie sie nur je der Despotismus gehabt hat, ja er überbietet alles Vergangene dadurch, dass er die förmliche Vernichtung des

Individuums anstrebt [...] und treibt den halbgebildeten Massen das Wort „Gerechtigkeit" wie einen Nagel in den Kopf, um sie ihres Verstandes völlig zu berauben [...]. [12]

Ebenso deutlich kritisiert Nietzsche die neue Sucht nach Konsumgütern sowie die kapitalistische Produktionsweise. Alle Werte werden dem Spiel von Angebot und Nachfrage untergeordnet, am Ende auch der Mensch selbst:

Der Handeltreibende [...] fragt bei Allem, was geschaffen wird, nach Angebot und Nachfrage, *um für sich den Werth einer Sache festzusetzen.* Diess zum Charakteristikum einer ganzen Cultur

gemacht [...] das ist es, worauf ihr Menschen des nächsten Jahrhunderts stolz sein werdet [...]. [13]

Der „Fluch des Geldes", der Güterkonsum und die Suche nach kurzlebigen Genüssen erschaffen zusammen einen neuen Götzen, den die gesamte westliche Welt anbetet:

Der ganze Westen hat jene Instinkte nicht mehr, [...] aus denen *Zukunft* wächst: [...] Man lebt für heute, man lebt sehr geschwind, - man lebt sehr unverantwortlich: dies gerade nennt man „Freiheit". [14]

Es ist aber, so Nietzsche, unterwürfig und ängstlich, nach dem Tod Gottes gleich wieder neue Götzen zu verehren und bei den Heilsversprechen des Nationalismus, Antisemitismus, Sozialismus oder Kapitalismus Trost zu suchen. Stattdessen empfiehlt er, die Frage nach dem Weiter erst einmal in aller Radikalität an uns selbst zu richten:

> Wie trösten wir uns, die Mörder aller Mörder? […] Müssen wir nicht selber zu Göttern werden […]? [15]

Nietzsche beantwortet die Frage mit einem klaren „Ja". Wir müssen nach dem Tode Gottes den Mut aufbringen, unser Leben fortan eigenverantwortlich zu gestalten, ohne jede Fremdbestimmung durch ideologische Ersatzgötzen, einzig und allein aus uns selbst heraus. Der aufkommende Nihilismus kann nur überwunden werden, wenn wir an die Stelle Gottes treten und uns dafür zu einer neuen und höheren Seinsform aufschwingen, zum Übermenschen:

Todt sind alle Götter: nun wollen
wir, dass der Übermensch lebe. [16]

Der Übermensch ist voll und ganz selbstverant-
wortlich. Um aber diese große Aufgabe der eigenen
Sinnstiftung übernehmen zu können, benötigt der
Mensch zuallererst eine Weiterentwicklung seiner
Fähigkeiten und Potentiale hin zu diesem neuen Per-
sönlichkeitstypus. Dieser philosophische Entwurf
des „Übermenschen" war so vermessen und unbot-
mäßig, dass er nicht nur den Kirchenvertretern, sondern auch aufgeklärten Zeitgenossen als verrückt
erschien. Nie zuvor hat jemand gewagt, die Weiterentwicklung der Menschheit in dieser zugespitzten
Form zu fordern:

Ich lehre euch den Übermenschen. Der
Mensch ist Etwas, das überwunden
werden soll. […] Der Übermensch ist
der Sinn der Erde. [17]

Nietzsche empfiehlt uns jetzt, einen gefährlichen Weg einzuschlagen. Einerseits dürfen wir unsere wertvollen Instinkte und unsere animalische Herkunft nicht verleugnen oder gar verlieren, andererseits müssen wir nach vorne schauen und uns zu einem höheren Typus Mensch weiterentwickeln:

Der Mensch ist ein Seil, geknüpft zwischen Thier und Übermensch, - ein Seil über einem Abgrunde. [18]

Nietzsche selbst bezeichnete sich als „Philosoph mit dem Hammer", der das Alte zertrümmert, um Platz für das Neue zu schaffen. Aber was ist das Neue, jenseits aller Ideologie und Götzenverehrung? Wie kommen wir über unser bisheriges Menschsein hinaus? Nietzsches Antwort ist von bestechender Kürze und Klarheit:

Werde, der du bist! [19]

Dabei geht es ihm nicht darum, sich selbst zu finden, sondern in einem zweiten, noch viel wichtigeren Schritt sich auch uneingeschränkt zu seinen Potentialen zu bekennen. Und das heißt für Nietzsche vor allem, dass der Mensch seine dionysisch schöpferischen Anteile, seine Intuition und seine edelsten Ziele entschlossen und gegen alle Widerstände auslebt. Es heißt auch, dass der Mensch jenseits der allgemein traditionellen „Herdentiermoral" wieder seiner Natur und seiner Bestimmung vertraut – dem sogenannten „Willen zur Macht". Nietzsche sieht den Willen zur Macht als eine Art Urkraft an, die seit jeher das Werden und Vergehen der Welt durchzieht und selbst in Pflanzen und Tieren wirksam ist:

Und auch ihr selber seid dieser Wille zur Macht – und nichts außerdem! [20]

Die natürliche Entfaltung des Willens zur Macht wurde über Jahrtausende vom Christentum gehemmt und unterdrückt. Doch jetzt, so Nietzsche, ist es an der Zeit, dass der Mensch seine Natur wieder annimmt. Und zu seiner Natur gehören auch die aggressiven, erobernden, vermeintlich bösen Affekte. Wenn wir uns nicht auch zu diesen bösen Anteilen bekennen, sind wir nur halbe Menschen. Nietzsche empfiehlt uns die „Bejahung des Lebens, des ganzen, nicht verleugneten und halbirten Lebens." [21]

> Für jede starke und Natur gebliebene Art Mensch gehört Liebe und Haß,
>
> Dankbarkeit und Rache, Güte und Zorn, Ja-thun und Nein-thun zu einander. [22]

Niemand, so Nietzsche, kann immer nur gut sein. Allein indem der Mensch lebt, lebt er immer auch ein Stück weit auf Kosten anderer, erschließt und raubt Lebensmöglichkeiten. Die individuelle Selbstentfaltung ist aber nichts Verwerfliches. Deshalb fordert Nietzsche eine radikale Umwertung aller bisherigen moralischen Werte, eine Neudefinition von „gut" und „schlecht":

> Was ist gut? - Alles, was das Gefühl der Macht, den Willen zur Macht [...] erhöht. Was ist schlecht? - Alles, was aus der Schwäche stammt. [23]

Wo aber sind die Grenzen dieses entfesselten Willens zur Macht? Darf ich andere unterdrücken? Wer oder was genau ist der Übermensch? Ist für uns eine dionysische Lebenssteigerung im Alltag überhaupt möglich? Und vor allem: Hat Nietzsche am Ende Recht - sind wir ohne unsere bösen Anteile nur halbe Menschen?

Nietzsche gibt eindrucksvolle Antworten, deren provokativer Wirkung sich bis heute niemand entziehen kann.

Nietzsches Kerngedanke

Das dionysische und apollinische Prinzip

Bereits in seinem Erstlingswerk mit dem Titel *Die Geburt der Tragödie oder Griechentum und Pessimismus* entdeckt Nietzsche als Sechsundzwanzigjähriger den entscheidenden Schlüssel zum Verständnis der Welt. Dieser Schlüssel ist die Kunst – speziell die antike Tragödie, die uns Aufschluss über den Sinn des Lebens gibt. Wir Menschen sind nämlich genau wie die Helden der klassischen Tragödie lebenslang eingebunden in einen Kampf zwischen zwei großen Prinzipen dem apollinischen und dem dionysischen Prinzip.

> Es giebt zwei Zustände, in denen die Kunst selbst wie eine Naturgewalt im Menschen auftritt [...]: einmal als

Zwang zur Vision, andrerseits als Zwang zum Orgiasmus. [24]

Für den Zwang zur Vision steht Apoll, der Gott der Weissagung, des Orakels von Delphi, der Zukunftsplanung und des Lichtes, für das Orgiastische Dionysos, der Gott des Weines und des Rausches. In Griechenland wurde Apoll seit jeher als der strahlende Gott der Zukunftsgestaltung, der Harmonie, der Städtegründung, der Wissenschaften und der kühl ordnenden Vernunft verehrt. Er verkörpert nach Nietzsche das formgebende und maßhaltende Prinzip. Dagegen steht Dionysos als Gott des Weines und des Rausches für das chaotisch, schöpferisch kreative Prinzip – für die überbordende Sinnlichkeit, den Instinkt und die unkontrollierbaren Leidenschaften. Jeder Mensch trägt nach Nietzsche, genau wie der Held der Tragödie, beide Prinzipien in ständigem Widerstreit in sich.

So will der Held der attischen Tragödie die vielen Ereignisse und leidvollen Kämpfe des Lebens verstehen, ordnen und endlich beruhigen, doch seine dionysische Seite bringt die ganze Ordnung immer wieder zum Tanzen. Dabei leidet der Held an sich selbst und an seinem Schicksal, denn es gibt, so Nietzsche, bei den alten Griechen keinen höheren Sinn, an dem sich der Held festhalten kann, der ihm seine Verstrickungen irgendwie logisch erklären könnte. Es gibt somit auch keine Erlösung und keinen Ausweg, der aus dem Auf und Ab des Lebens herausführt. Der Held der Tragödie ist hineingeworfen in sein Schicksal, wonach Leiden und Freuden, Kontrolle und Chaos unabdingbar zusammengehören.

Dieses Bild des Helden, der sich heroisch bemüht, gleichwohl immer wieder scheitert, ist der dramatische Mittelpunkt der attischen Tragödie. Warum aber erzielt dieser tragische Kampf in den antiken Theaterstücken noch bei den heutigen Zuschauern eine so große Wirkung? Nietzsches Antwort ist eindeutig:

Seht hin! Seht genau hin! Dies ist euer Leben! Dies ist der Stundenzeiger an eurer Daseinsuhr! [25]

25

Die attische Tragödie spiegelt also unser eigenes Dasein wider. Wir alle bemühen uns Tag für Tag und doch begegnen uns immer wieder leidvolle Ereignisse, Krankheiten, Kämpfe und Verluste, die wir zu beklagen haben, ohne dass es explizit einen Schuldigen gibt. Die alten Griechen lehren uns, das Leben mit all seinen positiven und negativen Seiten anzunehmen und als Gesamtkunstwerk zu sehen und zu lieben. Diese tragische Schönheit, die lustvolle Teilhabe am Leben, die auch den Schmerz mit einschließt, spüren wir nicht nur in der Tragödie, sondern auch in der Musik:

Das dionysische mit seiner selbst am Schmerz perzipirten Urlust, ist der gemeinsame Geburtsschooss der Musik und des tragischen Mythus. [26]

In der attischen Tragödie wurde, so Nietzsche, das dionysische Element vom Chor verkörpert, der mit seinem Gesang den Gefühlen Ausdruck gibt, während die apollinische Ordnung weitgehend der Handlung auf der Bühne entspricht. Doch mit Euripides und einer ihm nachfolgenden vernunftorientierten Dramaturgie ohne Einsatz des Chors ging dieses Gleichgewicht verloren. Nach und nach wurde das Gefühl für die Tragik des Lebens und die dionysische Dimension verdrängt. Und mit Sokrates und Platon betritt schließlich ein ganz neuer Typ Mensch die Bühne der griechischen Kultur, der „Typus des theoretischen Menschen".

Ab jetzt gilt der Gebrauch der Vernunft als der einzige Weg, der nach oben führt, zum Tageslicht und zum „Guten, Wahren und Schönen". Die dionysischen Begehrungen des Leibes gelten dagegen als dunkel und führen hinab:

Glück heißt bloss: man muss es dem Sokrates nachmachen und gegen die dunklen Begehrungen ein *Tageslicht* […] herstellen, das Tageslicht der

Vernunft. […] jedes Nachgeben an die Instinkte, an's Unbewusste führt *hinab* […]. [27]

Alles, was dem Denken und der Vernunft verpflichtet ist, gilt als moralisch gut und alles, was aus den Trieben, dem Gefühl oder der Intuition heraus getan wird, als verwerflich. Dies ist, so Nietzsche, der Beginn einer Jahrhunderte andauernden Leibfeindlichkeit:

Der Moralismus der griechischen Philosophen von Plato ab ist pathologisch [...]. [28]

Auch das Christentum hat, daran anknüpfend, jede dionysische Regung als unkeusch, als Sünde und Schuld verteufelt. Erst in der mystischen Musik Wagners, mit dem sich Nietzsche persönlich angefreundet hatte, erkennt er die dringend benötigte Rückbesinnung auf die dionysisch, tragische Dimension des Menschen, einen Befreiungsschlag gegen den Rationalismus. Wagner und seiner Musik zu Ehren ändert Nietzsche vorübergehend den Titel seines Erstlingswerkes in *Die Geburt der Tragödie aus dem Geist der Musik*. Einige Jahre später zerstreitet er sich allerdings mit Wagner, als dieser in seiner christlichen Mysterienoper Parzival einen „Kniefall vor dem Kreuz" macht und seinen Helden Parzival wieder mit Schuldgefühlen und schlechtem Gewissen ausstattet. Damit habe er eindeutig den Geist der Tragödie verraten. Nietzsche ärgert sich dermaßen, dass er eine Schmähschrift mit dem Titel *Der Fall Wagner* verfasst.

Nietzsche selbst bleibt ein Leben lang bei seiner Auffassung, dass das Leid, das wir erfahren, keine Strafe Gottes und auch keine persönliche Schuld bedeutet, sondern nur die zum Leben dazugehörende Tragik, die man als solche annehmen muss:

- Ja, meine Freunde, glaubt mit mir an das dionysische Leben und an die Wiedergeburt der Tragödie. Die Zeit des sokratischen Menschen ist vorüber: [...] Jetzt wagt es nur, tragische Menschen zu sein [...]. [29]

Die Entstehung der Sklavenmoral – wie Juden- und Christentum das Leben verraten haben

Platon und Sokrates haben mit der totalen Überhöhung der Vernunft und der Unterdrückung der dionysischen Natur nur den Anfang einer epochalen Fehlentwicklung gemacht. In seinem Buch *Zur Genealogie der Moral* beschreibt Nietzsche, wie durch das Aufkommen der Religionen, namentlich der jüdischen und christlichen Moral, eine unaufhaltsame Entfremdung des Menschen von seiner natürlichen Lebensweise stattfand. Die Religion wurde für Nietzsche zum Totengräber des natürlichen Menschen und seiner Instinkte. In der Philosophie Platons wurde zwar auch schon der dionysische Anteil des Menschen unterdrückt, aber es gab noch keinen strafenden Gott, keine Erbsünde und keine Heiligen. Erst Juden- und Christentum haben aus dem tragisch heroischen Menschen der Antike einen gebrochenen, schuldigen und demütigen Menschen gemacht. Wurde der siegreiche Achilles noch als ein „Liebling der Götter" gefeiert, galten im Christentum nur mehr gewaltfreie und duldsame Menschen als Vorbilder. Nietzsche sieht darin einen Verrat an den alten aristokratischen Werten:

Die Juden sind es gewesen, die gegen die aristokratische Werthgleichung (gut = vornehm = mächtig = schön = glücklich = gottgeliebt) [...] die

Umkehrung gewagt [...] haben, nämlich „die Elenden sind allein die Guten, die Armen, Ohnmächtigen, Niedrigen [...] Leidenden, Entbehrenden, Kranken, Hässlichen [...] für sie allein giebt es Seligkeit [...]". [30]

Das aus dem Judentum hervorgegangene Christentum hat, so Nietzsche, die natürliche Kraftentfaltung des Menschen noch weiter verdammt, indem es ein gottgefälliges Leben, ein Leben des Verzichtes, der Bescheidenheit und der Demut forderte. Nietzsche bezeichnet diese Haltung als „Sklavenmoral". Dagegen stellt er die aristokratische „Herrenmoral" der alten Griechen und der Römer, die durch Kampf, Entschlossenheit und Härte gegen sich selbst und andere Völker ein Weltreich errichtet haben:

Die Römer waren ja die Starken und Vornehmen, wie sie stärker und vornehmer bisher auf Erden nie dagewesen, selbst niemals geträumt worden sind; [31]

Die Römer empfanden daher die neue Mitleidsmoral der frühen Christen als etwas völlig Widernatürliches, das ihrer eigenen aristokratischen Haltung widersprach. Doch in der Spätphase des Römischen Reiches, als die verwahrlosten Despoten Nero und Caracalla für das Volk keinerlei Vorbilder mehr waren, hatten die Menschen das Gefühl, dass die Mächtigen verdorben und die Macht an sich verwerflich ist. So bekam das Gegenbild eines liebenden Gottes, der auf Gewalt und Macht verzichtet, auf einmal große Attraktivität:

> [...] als Nero und Caracalla oben saß, entstand die Paradoxie: der niedrigste Mensch ist *mehr werth* als der da oben! [...] Und ein *Bild Gottes* brach sich Bahn, welches möglichst *entfernt* war vom Bilde der Mächtigsten – der Gott am Kreuze! [32]

Der Gekreuzigte trat als Erlöser an die Stelle der vormals kämpfenden Helden und Götter. Nachdem das Christentum schließlich im ganzen Römischen Reich unter Konstantin zur Staatsreligion erhoben wurde, konnte sich die, in Nietzsches Augen, verderbliche Moral des Mitleids, der Sünde und der Jenseitserwartung auf ganz Europa und weite Teile der Erde ausdehnen. Insgesamt kritisiert Nietzsche die christliche Moral im Wesentlichen aus fünf Gründen. Erstens klagt er die Kirche an, anstelle der ursprünglichen Moral des Mutes, der Tapferkeit, des Eroberns, der Ehre und der Stärke eine Moral der Schwäche gesetzt zu haben:

> Ich *verurtheile* das Christenthum, ich erhebe gegen die christliche Kirche die furchtbarste aller Anklagen, die je ein Ankläger in den Mund genommen hat. [...] sie hat aus jedem Werth einen Unwerth, aus jeder Wahrheit eine Lüge [...] gemacht. [33]

Zweitens fördert und kultiviert das Christentum das Mitleid. Wenn der Mensch aber dem Mitleidsgebot folgend jedem hilft, ohne entschlossen und mit der notwendigen Härte zu handeln und die Ursachen des Leidens zu bekämpfen, dann bedeutet dies in der Regel nur eine Alimentierung und Verlängerung des Leidens:

> Das Mitleid eine Verschwendung der Gefühle, ein der moralischen Gesundheit schädlicher Parasit, „es kann unmöglich Pflicht sein, die Übel in der Welt zu vermehren". [34]

Das Mitleid dient, so Nietzsche, in der Regel nur dazu, das eigene Gewissen zu beruhigen:

> Wenn man bloß aus Mitleid wohlthut, so thut man eigentlich sich selbst wohl und nicht dem Anderen. [35]

Doch das Mitleid wurde durch die christliche Moral tief in uns eingepflanzt. Man müsse es aber, so Nietzsche, als „innere Schwäche" erkennen und dürfe ihm keinesfalls nachgeben. Da wir es aber spüren, führt dies zwangsweise zu Konflikten, wie Nietzsche am Beispiel des Bettlers beschreibt:

> Man soll die Bettler abschaffen: denn man ärgert sich, ihnen zu geben, und ärgert sich, ihnen nicht zu geben. [36]

Drittens kritisiert Nietzsche die christliche Kirche, weil sie mit ihren Begriffen von Schuld, Sünde und Sühne sowie ihrer Forderung nach Demut den Charakter der Menschen verdirbt. Denn durch das beständige Streben der Gläubigen, „gut" zu sein und unter den Augen Gottes alles richtig zu machen, um keine Schuld auf sich zu laden, entsteht ein neuer Menschenschlag – die sogenannten Duckmäuser oder „Mucker":

[...] Vielleicht gab es bisher keine gefährlichere Ideologie, keinen größeren Unfug in psychologicis, als diesen Willen zum Guten:

man zog den widerlichsten Typus den *unfreien* Menschen groß, den Mucker, man lehrte, eben nur als Mucker sei man auf dem rechten Wege zur Gottheit [...]. [37]

Das Muckertum findet seinen Niederschlag auch in der modernen demokratischen Denkweise, die nur mehr auf Sicherheit und Wohlstand bedacht ist:

Die christlich-demokratische Denkweise begünstigt das Heerdenthier, [...] sie haßt [...] die großen Wagnisse. Die Mittelmäßigsten [...] setzen ihre Werthmaaße durch. [38]

Viertens wirft Nietzsche der Kirche vor, mit dem Versprechen eines Weiterlebens im Himmel die ganze Kraft vom Diesseits auf das Jenseits abzuziehen. So steht Jesus symbolisch für die Erlösung vom Leben. Dagegen fordert Nietzsche, dass wir uns zum wirklichen Leben im Diesseits bekennen und damit zu seiner Symbolfigur Dionysos:

Da habt ihr den Gegensatz [...]. „der Gott am Kreuz" ist ein Fluch auf Leben, ein Fingerzeig, sich von ihm zu erlösen [...] Dionysos ist eine *Verheißung* ins Leben [...]. [39]

Fünftens – und das ist vielleicht einer der stärksten Vorwürfe Nietzsches - hat das Christentum mit seiner Leibfeindlichkeit einen verhängnisvollen Prozess in Gang gesetzt, der für den Menschen fatale Folgen hat:

> „Wenn dich dein Auge ärgert, so reisse es aus." [...] der Christ der jenem Rathschlage folgt und seine Sinnlichkeit ertödtet zu haben glaubt, sich täuscht: sie lebt auf eine unheimliche, vampyrische Art fort und quält ihn in widerlichen Vermummungen. [40]

An dieser Stelle äußert Nietzsche den Verdacht, dass die Gefühle, Triebe und Affekte nicht einfach verschwinden, wenn sie aus moralischen Gründen unterdrückt werden, sondern auf „vampirische Art" fortleben. Er formuliert damit erstmals einen Gedanken, der zur Grundlage der gesamten Psychologie und Psychoanalyse werden sollte. Das nicht-gelebte Leben verschwindet nicht einfach, es kann sich in gefährlicher Weise gegen uns selbst richten. Seine neue anthropologische Sicht auf den Energiehaushalt der menschlichen Psyche beschreibt er in seiner berühmt gewordenen Abhandlung *Der Ursprung des schlechten Gewissens*.

Der Ursprung des schlechten Gewissens

Das Gewissen ist bei Nietzsche natürlich nicht göttlichen Ursprungs, sondern lediglich im Laufe der Evolution aus unserer tierischen Substanz entstanden. Ursprünglich war der Mensch ein rein animalisches Instinktwesen:

> Einst wart ihr Affen, und auch jetzt noch ist der Mensch mehr Affe, als irgend ein Affe. [41]

Doch wie kam es dann zur Entstehung des Gewissens, also jenes „Organes", das sich gegen unsere eigenen Instinkte wenden kann und damit gegen unsere gesunde dionysische Natur? Wie ist so etwas überhaupt möglich? Es muss, so Nietzsche, in jedem Fall eine „tiefe Erkrankung" gewesen sein:

Ich nehme das schlechte Gewissen als die tiefe Erkrankung, welcher der Mensch unter dem Druck jener gründlichsten aller Veränderungen verfallen

musste, die er überhaupt erlebt hat, - jener Veränderung, als er sich endgültig in den Bann der Gesellschaft und des Friedens eingeschlossen fand. [42]

Das Gewissen ist also entstanden, als der Mensch sich in den Bann der Gesellschaft begeben musste und Staaten gegründet hat. Denn in dem Moment, in dem er nicht mehr in einer wilden Horde andere Menschen überfallen konnte und umgekehrt nicht mehr auf der Hut sein musste, selbst überfallen zu werden, waren seine Instinkte mit einem Mal überflüssig. Jahrtausendelang überlebte er als Jäger, Angreifer, Eroberer sowie umgekehrt als Gejagter, Fliehender, Verfolgter nur durch seine wachen Instinkte der Lust, Wut, Furcht, Angst, Aggression, und Revierverteidigung. Nach der Staatengründung aber durfte er all diese archaischen Affekte nicht mehr ausleben. Nietzsche vergleicht den Ursprung des schlechten Gewissens mit der steinzeitlichen Übergangsphase, in der die Wassertiere an Land gehen und neue Gliedmaßen ausbilden mussten:

Nicht anders als es den Wasserthieren ergangen sein muss, als sie gezwungen wurden, entweder Landthiere zu werden oder zu Grunde zu gehn,

so gieng es diesen der Wildniss, dem Kriege, dem Herumschweifen, dem Abenteuer glücklich angepassten Halbthieren, - mit Einem Male waren alle ihre Instinkte entwerthet und „ausgehängt". [43]

Diese Übergangsphase, in der die wilden Menschen in der Gesellschaft plötzlich auf ihre Instinkte verzichten mussten, beschreibt Nietzsche als epochalen Einschnitt:

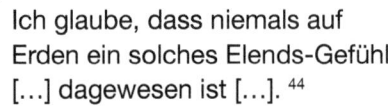

Ich glaube, dass niemals auf Erden ein solches Elends-Gefühl [...] dagewesen ist [...]. [44]

Die Menschen waren in einer für sie unbekannten Welt. Sie durften sich weder gegenseitig noch als Gruppen bekriegen und hatten mit einem Schlag ihre alten Führer, „die regulierenden unbewusst-sicher führenden Triebe" verloren. Notgedrungen bildeten sie ein neues Organ aus:

> [...] sie waren auf Denken, Schliessen, Berechnen, Combiniren von Ursachen und Wirkungen reduzirt, diese Unglücklichen, auf ihr „Bewusstsein", auf ihr ärmlichstes und fehlgreifendstes Organ! [45]

Dieses „ärmlichste Organ" ist unser Intellekt, unser denkendes Ich oder, wie die Philosophen sagen, unsere Vernunft. Der Homo sapiens war geboren. Man durfte im Staat oder in den frühen Gesellschaften den anderen nichts mehr rauben oder wegnehmen, selbst wenn man große Lust dazu hatte. Ja, sogar die Aggression, die jahrtausendelang unser Überleben sichergestellt hatte, durfte zwischen den Mitgliedern der Gesellschaft nicht mehr ausgelebt werden und war nur noch in geregelten Sportveranstaltungen erlaubt. Die Instinkte wurden einfach tabuisiert und durch die Gebote der Vernunft ersetzt:

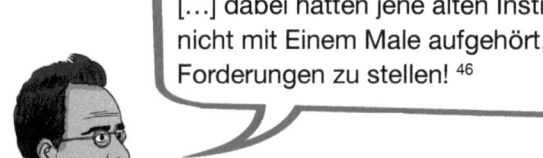

> [...] dabei hatten jene alten Instinkte nicht mit Einem Male aufgehört, ihre Forderungen zu stellen! [46]

Die Instinkte waren also trotz aller Regelungen noch da und stellten weiterhin die Forderung, ausgelebt zu werden. Doch wohin mit der Neugier, der Wachsamkeit, der Begierde, der Aggression?

> [...] in der Hauptsache mussten sie sich neue und gleichsam unterirdische Befriedigungen suchen. Alle Instinkte, welche sich nicht nach Aussen entladen, *wenden sich nach Innen* [...]. [47]

Nach und nach, so Nietzsche, erwächst im Menschen eine neue innere Erlebensdimension:

Die ganze innere Welt, ursprünglich dünn wie zwischen zwei Häute eingespannt, ist in dem Maasse aus einander- und aufgegangen, hat Tiefe,

Breite, Höhe bekommen, als die Entladung des Menschen nach Aussen *gehemmt* worden ist. [48]

Ursprünglich war die innere Welt dünn, wie zwischen zwei Häute eingespannt. Das bedeutet, dass der Urmensch nur wenig innere Erlebniswelten hatte, vielleicht das Staunen, wenn jemand gestorben ist oder die Sorge über eine blutende Wunde, wenn man gebissen wurde. Doch mit der Zivilisation hat dieses Innenleben, dünn wie zwischen zwei Häute eingespannt, plötzlich Tiefe, Breite und Höhe bekommen. Man fragte sich plötzlich bei jeder noch so kleinen Handlung, ob sie erlaubt oder verboten, gerecht oder ungerecht ist. So entsteht fast gleichzeitig mit dem Ich-Bewusstsein ein zusätzliches, zweites inneres Organ, das sogenannte „schlechte Gewissen".

> Die Feindschaft, die Grausamkeit, die Lust an der Verfolgung, am Überfall, am Wechsel, an der Zerstörung - Alles das gegen die Inhaber solcher Instinkte sich wendend: das ist der Ursprung des „schlechten Gewissens". [49]

Das schlechte Gewissen ist also tatsächlich nichts Metaphysisches, nichts Göttliches, sondern wird von unserer eigenen Triebenergie gespeist, die wir nicht mehr an der Außenwelt anbringen, sondern dafür nutzen, uns selbst in Zaum zu halten, unsere Wünsche, Sehnsüchte und Triebe zu kontrollieren und sie mit den gesellschaftlichen Normen in Einklang zu bringen. Dies machen wir nicht freiwillig, sondern weil wir andernfalls von der Gesellschaft bestraft würden:

> die Strafen [...] brachten zu Wege, dass alle jene Instinkte des wilden freien schweifenden Menschen sich rückwärts, sich *gegen den Menschen selbst* wandten. [50]

Das Gewissen wurde also durch die Staatengründungen erzwungen. Es ist im Grunde ein Statthalter des Staates in unserem Kopf, der uns über Gewissenbisse zur Einhaltung der Regeln und Gesetze verpflichtet. Neben dem äußeren Strafsystem mit seinen Polizisten, Richtern und Gefängnissen besteht nun ein zweiter, innerer Gerichtshof. Dessen Arbeit genügt oft schon, dass wir gar nicht erst straffällig werden. Das Gewissen erfüllt somit eine sehr wichtige gesellschaftliche Funktion. Aber, so Nietzsche, man darf sich auf keinen Fall darüber hinwegtäuschen, welch großes Opfer wir mit der Aufrichtung des Gewissens erbracht haben:

> Mit ihm aber war die grösste und unheimlichste Erkrankung eingeleitet, von welcher die Menschheit bis heute nicht genesen ist, das Leiden des

> Menschen *am Menschen, an sich* [...] als die Folge [...] einer Kriegserklärung gegen die alten Instinkte, auf denen bis dahin seine Kraft, Lust und Furchtbarkeit beruhte. [51]

Jeder Mensch, so Nietzsche, hat heutzutage zwei ver-
hängnisvolle Instanzen, die seine Instinkte verwal-
ten und in Zaum halten. Zum einen das Gewissen,
zum anderen die Vernunft. Gegenüber beiden Instanzen hat Nietzsche große Vorbehalte. Das Gewissen ist keine wirkliche moralische Instanz. Es schafft
keinerlei Werte, sondern hat nur gespeichert, was es
lange Zeit von den Eltern, der Kirche, der Schule und
der Gesellschaft gehört hat:

> [...] das Gewissen [...] spricht bloß
> nach: Es schafft keine Werthe. [52]

Alles, was in unserem Gewissen an Inhalten gespeichert ist, stammt von Außerhalb:

> Der Inhalt unseres Gewissens ist Alles,
> was in den Jahren der Kindheit von
> uns ohne Grund regelmäßig *gefordert*
> wurde durch Personen, die wir verehrten

oder fürchteten. Vom Gewissen aus wird also jenes Gefühl des Müssens erregt [...] welches nicht fragt: *warum* muss ich? [53]

Unsere zweite innere Instanz, die Vernunft, stellt zwar die Warum-Frage, aber auch sie ist nicht, wie die meisten Philosophen glauben, eine gerechte und autonome Instanz: Sie dient den Leuten letztlich nur dazu, zu lügen zu täuschen und sich selbst zu betrügen.

Soweit das Individuum sich gegenüber andern Individuen erhalten will, benutzte es [...] den Intellekt zumeist nur zur Verstellung; [54]

Anstatt dem Instinkt zu vertrauen, richten wir leider, so Nietzsche, unser Handeln viel zu sehr nach den Vorgaben des Verstandes aus. Denn angeblich bewahrt uns der Verstand vor Sinnestäuschungen und Fehlern, weil er die Wahrheit logisch erkennen kann. Doch das ist laut Nietzsche ein großer Irrtum. Der Intellekt kann nämlich überhaupt nichts exakt erkennen und schon gar nicht die Wahrheit. Er denkt nämlich immer nur in Worten und Sätzen. Aber vielleicht, so vermutet Nietzsche, sind schon die Wörter unpräzise und in ihrem Gefolge auch die Sätze und Wahrheiten der Philosophen.

Wahrheit als Bretterwerk und Illusion der Sprache

Jede Sprache auf der ganzen Welt besteht aus Worten, mit denen wir die realen Dinge irgendwie benennen oder bezeichnen. Nietzsche stellt nun eine folgenreiche Frage:

[...] decken sich die Bezeichnungen und die Dinge? Ist die Sprache der adäquate Ausdruck aller Realitäten? [55]

Nein, sagt Nietzsche, die Sprache ist nicht geeignet, um die Realität abzubilden. Die Wahrheit und all das, was wir als Tatsachen betrachten, sind nur Illusionen. Und diese kommen dadurch zu Stande, dass wir seit der Steinzeit allem und jedem, das wir sehen, hören oder riechen, einen bestimmten Namen geben. Wir bezeichnen es einfach als dieses oder jenes und behaupten fortan, dass dies die Wahrheit des Gegenstandes sei. Wir sagen beispielsweise, die Wiese ist grün, die Welt ist rund, die Sonne geht auf, der Wolf beißt und behaupten, dass diese Worte wahr sind, weil die Bezeichnung grün, rund, aufgehen und beißen, sowie die Bezeichnungen Wiese, Erde, Sonne und Wolf, jeweils einzeln und in der Zusammensetzung die Wirklichkeit abbilden. Mit der Namensgebung beginnt aber, so Nietzsche, ein fataler Prozess:

> Jetzt wird nämlich das fixirt, was von nun an „Wahrheit" sein soll, d. h. es wird eine gleichmässig gültige und verbindliche Bezeichnung der Dinge erfunden, und die Gesetzgebung der Sprache giebt auch die ersten Gesetze der Wahrheit [...]. [56]

Doch diese ständigen sprachlichen Benennungen, dieses gewaltsame „auf den Begriff bringen" läuft, laut Nietzsche, von Anfang an fehlerhaft ab. Denn:

> Jeder Begriff entsteht durch Gleichsetzen des Nicht-Gleichen. [57]

Es wird einfach ein Begriff als Etikett auf die Dinge oben drauf geklebt und dieses Etikett mit den Dingen gleichgesetzt, obwohl sie in Wirklichkeit sehr verschieden sind. Nietzsche zeigt uns dies am Beispiel des Begriffes „Blatt":

> So gewiss nie ein Blatt einem anderen ganz gleich ist, so gewiss ist der Begriff Blatt durch beliebiges Fallenlassen dieser individuellen Verschiedenheiten […] gebildet und erweckt nun die Vorstellung, als ob es in

> der Natur ausser den Blättern etwas gäbe, das „Blatt" wäre, etwa eine Urform, nach der alle Blätter gewebt, gezeichnet, abgezirkelt, gefärbt, gekräuselt, bemalt wären […]. [58]

Die begriffliche Etikettierung „Blatt" entspricht also niemals der eigentlichen Wirklichkeit der vielen einzelnen Blätter. Auch gibt es in der Natur nirgendwo ein Ur-Blatt, das alle anderen Blätter formt oder diesen zu Grunde liegt. Die Willkür unserer Begriffe sieht man auch an den höchst unterschiedlichen Begriffen der verschiedenen Sprachen. In Grönland gibt es zum Beispiel sieben verschiedene Wörter für „Schnee", in Frankreich kein einziges Wort für das deutsche Wort „Gemütlichkeit":

Die verschiedenen Sprachen, neben einander gestellt zeigen, dass es bei Worten nie auf die Wahrheit, nie auf einen adäquaten Ausdruck ankommt: denn sonst gäbe es nicht so viele Sprachen [...] so hat jedes Volk

über sich einen [...] Begriffshimmel und versteht nun unter der Forderung der Wahrheit, dass jeder Begriffsgott nur in *seiner* Sphäre gesucht werde. [59]

Es gibt aber keinen solchen „Begriffsgott", der Wahrheit beanspruchen darf. Ein Wort oder ein Begriff, so Nietzsche, ist in seiner Entstehung zuallererst ein Nervenreiz, ein Sinneseindruck, der hinterher mit einem Kehlkopflaut und später mit ein paar Buchstaben nachgeahmt wird. Ein Begriff ist also der Versuch einer Ton-Bild-Nachahmung. Ähnlich wie Kinder zum Hund „Wauwau" sagen, weil sie ihn bellen hören und den Laut nachahmen, bilden die Menschen Begriffe wie Kuckuck oder Uhu durch grobschlächtige Nachahmungen und Nachbildungen – später dann mithilfe von Metaphern. Doch, so könnte man Nietzsche entgegnen, bei den Begriffen Hund oder Blatt ist es ja auch nicht weiter schlimm, wenn diese Metaphern nicht ganz exakt der Wirklichkeit aller konkreten Hunde und Blätter gerecht werden.

Nietzsche weist aber zu Recht darauf hin, dass die vielen kleinen Unwahrheiten, die durch unpräzise Begriffe oder Metaphern entstehen, sich am Ende potenzieren. Schon der oft zu hörende Alltagssatz „das ist ein herrlicher Sonnenaufgang" ist beispielsweise höchst fragwürdig, da der Begriff „herrlich" als Gegenbegriff zu „dämlich" eine auf- beziehungsweise abwertende Dimension hat. Er suggeriert, dass Frauen beziehungsweise Damen prinzipiell dumm sind, die Herren dagegen bewunderungswürdig, eben einfach „herrlich". Auch der Begriff Sonnenaufgang ist eine falsche Metapher, da die Sonne physikalisch nicht aufgeht, sondern sich vielmehr die Erde gerade zur Sonne hindreht.

Umso abstrakter die Metaphern nun werden, umso stärker sie in Wortkombinationen und Sätzen zusammengeführt werden, umso verfälschter ist am Ende die Wiedergabe der Wirklichkeit. Nietzsche zieht daraus eine radikale Schlussfolgerung:

Was ist also Wahrheit? Ein bewegliches Heer von Metaphern [...] [60]

Auch und gerade bei den verkopften Philosophen kommen am Ende hochabstrakte Sätze und Aussagen heraus, die kein Mensch mehr nachvollziehen, geschweige denn beweisen oder widerlegen kann, die aber den Schein erwecken, Wahrheiten zu sein. In Wirklichkeit sind es nur willkürliche Sprachspiele, bei denen Begriffe als Metaphern mit anderen Begriffsmetaphern zufällig kombiniert werden. Wie bei einem Würfelspiel, so Nietzsche, werden von den Philosophen einfach verschiedene Metaphern als angebliche Spiegelbilder der Wirklichkeit auf den Tisch geworfen, die entsprechende Augenzahl aufaddiert und dann behauptet, die Endsumme ergäbe die Wirklichkeit. Worte und Sätze entsprechen aber, so Nietzsche, niemals der Realität und sind daher auch nicht wahr. Sie sind und bleiben nur Bilder. Erst durch den ständigen Gebrauch entwickeln diese Bilder ein Eigenleben:

> Wenn aber eben dasselbe Bild Millionen Mal hervorgebracht und durch viele Menschengeschlechter hindurch vererbt ist, [...] so bekommt es endlich für den Menschen dieselbe Bedeutung, als ob es das

> einzig nothwendige Bild sei [...]. Aber das Hart- und Starr-Werden einer Metapher verbürgt durchaus nichts für die [...] Berechtigung dieser Metapher. [61]

Doch bedauerlicherweise, so Nietzsche, vergessen wir durch den jahrtausendelangen Gebrauch der Wörter, dass sie keine Wahrheiten, sondern nur illusorische Annährungen und Metaphern sind:

> die Wahrheiten sind Illusionen, von denen man vergessen hat, dass sie welche sind [...]. [62]

Nachdem der Mensch im Laufe der Zeit ausgeblendet hat, dass seine Begriffe nur Illusionen sind, hat er den nächsten großen Fehler gemacht. Er hält das abstrakt begriffliche Denken für den einzigen Zugang zur Wirklichkeit:

Er stellt jetzt sein Handeln als *vernünftiges* Wesen unter die Herrschaft der Abstractionen [...]. [63]

Mit dem berühmten Satz „Ich denke, also bin ich" des Franzosen René Descartes sind die Menschen komplett der Herrschaft des abstrakten Denkens und dem Glauben an die Logik verfallen. Nietzsche kritisiert diese totale Sprach- und Vernunftgläubigkeit als Irrweg, der an der Wirklichkeit vorbeigeht:

Es kommt in der Wirklichkeit *nichts* vor, was der Logik streng entspräche. [64]

Ein halbes Jahrhundert später haben Wittgenstein, Carnap und andere Denker Nietzsches Kritik an der Sprache aufgegriffen und sogar zur wichtigsten Aufgabe der gesamten Philosophie erklärt. Um die von Nietzsche aufgedeckten begrifflichen Fehler zu vermeiden, suchten sie nach einer neuen, exakten Wissenschaftssprache, die von vornherein falsche Begriffe und Definitionen vermeidet. Das Unternehmen scheiterte.

Nietzsche selbst wollte mit seiner Sprachkritik zeigen, dass das sprachliche Denken und der logisch arbeitende Verstand keinerlei Anspruch auf Wahrheit erheben darf. Stattdessen empfiehlt er allen Freigeistern, sich am dionysischen Prinzip, am Chaos der Leidenschaften und letztlich an der eigenen Intuition zu orientieren und das Bretterwerk der Begriffe zu zerschlagen:

Jenes ungeheure Gebälk und Bretterwerk der Begriffe, an das sich klammernd der bedürftige Mensch sich durch das Leben rettet, ist dem freigewordenen Intellekt nur ein Gerüst und Spielzeug [...] und wenn er es zerschlägt, durcheinanderwirft, ironisch

wieder zusammensetzt, [...] so offenbart er, dass er [...] nicht von Begriffen, sondern von Intuitionen geleitet wird. [65]

Und darum geht es Nietzsche. Nicht vom logisch denkenden Verstand, vom Bretterwerk der Begriffe dürfen wir uns leiten lassen, sondern nur von unserer Intuition. Und diese Intuition ist in ihrem Wesenskern nichts anderes als der instinktive Wille zum Leben oder auch „der Wille zur Macht". Wir müssen uns eingestehen,

daß alle „Zwecke", „Ziele", „Sinne" nur Ausdrucksweisen und Metamorphosen des Einen Willens sind, der allem Geschehen inhärirt, der Wille zur Macht; [66]

Der Wille zur Macht als Grundzug des Lebens

Wie Heraklit glaubte Nietzsche, dass die ganze Welt ein unendlicher Prozess des Werdens und Vergehens ist, angetrieben von einer Urkraft, einem unbändigen Willen:

Diese Welt: ein Ungeheuer von Kraft, ohne Anfang, ohne Ende [...] *ist der Wille zur Macht – und nichts außerdem*! Und auch ihr selber seid dieser Wille zur Macht – und nichts außerdem! [67]

Wir sind also nichts anderes als der Wille zur Macht. Aber dieser Wille ist nicht nur die treibende Kraft und das Vermögen von Individuen, er ist zugleich das Grundprinzip der gesamten Wirklichkeit schlechthin. So wirkt er gleichermaßen in Tieren, Pflanzen und sogar in chemischen Verbindungen:

[...] sollten wir diesen Willen nicht als bewegende Ursache auch in der Chemie annehmen dürfen? [68]

Nietzsche verweist darauf, dass sich auch Chemikalien, wenn man sie zusammenschüttet, verfärben, vermischen oder abstoßen. In jedem Fall lassen sich die Stoffe nicht unbehelligt und „es entsteht etwas Drittes". Es wirken

Kraft-Quanta, deren Wesen darin besteht, auf alle anderen Kraft-Quanta Macht auszuüben. [69]

Die Kraftquanta beziehungsweise Krafteinheiten bewegen sowohl den Mikro- als auch den Makrokosmos:

die angeblichen „Naturgesetze" sind die Formeln für „Machtverhältnisse"[…]. [70]

So ergeben sich Abstände und Umlaufbahnen der Planeten zueinander aus dem berechenbaren Verhältnis ihrer Kraftquanta, also ihren Anziehungs-

und Zentrifugalkräften. In den Pflanzen wirken die Kraftquanta als konkurrierende Wachstumsenergien zur Optimierung der Sonneneinstrahlung. Als Beispiel für den Willen zur Macht im Tierreich nennt Nietzsche uns eine ganz frühe Lebensform, den Einzeller. Auch der Einzeller als erste Lebensform überhaupt war keinesfalls selbstgenügsam und friedlich. Wenn nämlich eine Amöbe auf Nahrungssuche geht und ihre haarförmigen Zellausstülpungen, die sogenannten „Pseudopodien ausstreckt und tastet", um etwas mit seiner Membran zu umschließen und in sich aufzunehmen, dann ist auch das, so Nietzsche, nichts anderes als der „Wille zur Macht":

> Die Aneignung und Einverleibung ist vor allem ein Überwältigen-wollen, ein Formen, An- und Umbilden, bis endlich das Überwältigte ganz in die Macht des Angreifers übergegangen ist und denselben vermehrt hat. [71]

Ob der Baum seine Äste in den Himmel wachsen lässt, die Amöbe etwas mit ihrer Zellmembran umschließt, der Büffel das Gras abweidet oder der Wolf ein Reh reißt, immer geht es um das Grundprinzip alles Lebendigen:

das Leben als die uns bekannteste Form des Seins ist spezifisch ein Wille zur Accumulation der Kraft [...]. [72]

Alles Geschehen aus Absichten ist reduzirbar auf die *Absicht der Mehrung von Macht.* [73]

Das gilt natürlich auch und vor allem für den Menschen. Dabei bedeutet die Akkumulation von Kraft, darauf legt Nietzsche großen Wert, nicht nur die Selbsterhaltung, sondern darüberhinaus die Absicherung, Steigerung und Verbesserung des Lebens:

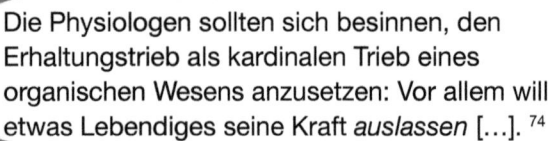

Die Physiologen sollten sich besinnen, den Erhaltungstrieb als kardinalen Trieb eines organischen Wesens anzusetzen: Vor allem will etwas Lebendiges seine Kraft *auslassen* [...]. [74]

Und dieses Auslassen und Anbringen der Kraft an der Wirklichkeit ist niemals selbstlos, sondern tangiert immer auch die Umwelt und die Mitmenschen.

Man fördert sein Ich stets auf Kosten des Andern; [75]

Im Alltag hat man oft gar keine andere Möglichkeit. Mensch sein, so Nietzsche, bedeutet immer unvermeidlicherweise, sich anderer Individuen zu bemächtigen, sie zu berühren, zu fördern, zu behindern, zu führen, zu begeistern oder zu kränken. Es wäre unredlich, zu glauben, man könne ein ganzes Leben lang ein unbefleckter und guter Mensch bleiben, der nichts und niemanden tangiert und keiner Fliege etwas zu Leide tut:

„Leben lebt immer auf Unkosten andern Lebens". – Wer das nicht begreift, hat bei sich noch nicht den ersten Schritt zur Redlichkeit gemacht. [76]

Wer sich beispielsweise auf einen Abteilungsleiterjob bewirbt und diesen bekommt, verursacht zwangsläufig Enttäuschung bei seinen abgelehnten Kollegen. Die Hochzeit mit einer sehr attraktiven Frau, in die noch ein anderer verliebt ist, bedeutet unvermeidlich des einen Glück und des anderen Unglück. Und – was leider gar nicht so selten vorkommt – wenn man unbewusst und vielleicht sogar ohne es zu wollen, eines seiner Kinder mehr liebt als das andere, wird sich das weniger geliebte ein Leben lang zurückgesetzt fühlen, obwohl man beide gleichermaßen lieben wollte. Diese wenigen Beispiele zeigen bereits, dass es unmöglich ist, zu leben, ohne andere zu beeinträchtigen. Auch der strahlende Olympiasieger, dessen oberstes Gebot die Fairness ist, erstrahlt am Ende doch nur deshalb im Siegerkranz, weil er andere in den Schatten stellt. Der Wille zur Macht, verstanden als Lebens- und Selbststeigerung, ist daher nichts Böses und darf auch nicht moralisch verurteilt werden:

> Die Insecten stechen, nicht aus Bosheit, sondern weil sie auch leben wollen [...]. [77]

Der freie Mensch bekennt sich zu seinem Willen zur Macht und seiner Selbstentfaltung:

Der freie Mensch ist *Krieger.* – Wonach misst sich die Freiheit, bei Einzelnen wie bei Völkern? Nach dem Widerstand, der überwunden werden muss, nach der Mühe, die es kostet, *oben* zu bleiben. [78]

Als historische Beispiele für Völker, die ihren Willen zur Macht gegen große Widerstände entfaltet haben, nennt Nietzsche das alte Rom, Venedig und die norditalienischen Stadtstaaten:

Jene grossen Treibhäuser für starke, für die stärkste Art Mensch, die es bisher gegeben hat, die aristokratischen Gemeinwesen in der Art von Rom und Venedig verstanden Freiheit genau in dem Sinne,

wie ich das Wort Freiheit verstehe: als etwas, das man hat und *nicht* hat, das man *will*, das man *erobert* […]. [79]

Die Eroberung dessen, was man will, aber noch nicht hat, bezieht sich nicht nur auf Ländereien, sondern vor allem auch auf geistiges Neuland. So hält Nietzsche die Epoche der Renaissance in den aufblühenden norditalienischen Städten für die eine wunderbare und vorbildliche Epoche der Entfaltung des Willens zur Macht:

> Der Europäer von Heute bleibt, in seinem Werthe tief unter dem Europäer der Renaissance; [80]

Nie mehr wieder, so Nietzsche, wurden in so vielen Bereichen der Wissenschaft, der Kunst, der Bildung, der Literatur und der Architektur so große und leidenschaftliche Anstrengungen unternommen, alle Grenzen zu überwinden:

> Die italiänische Renaissance barg in sich [...] Befreiung des Gedankens, Missachtung der Autoritäten, Sieg der Bildung über den Dünkel der Abkunft,

> Begeisterung für die Wissenschaft, [...] Entfesselung des Individuums, eine Gluth der Wahrhaftigkeit [...]. [81]

Leonardo da Vinci, Botticelli, Michelangelo und Brunelleschi sowie viele andere haben ruhelos an der Selbststeigerung des Renaissancemenschen gearbeitet. Machtentfaltung kann also ebenso im künstlerischen wie im politischen Raum stattfinden:

> - Ich schätze den Menschen nach dem *Quantum Macht und Fülle seines Willens*: [...] - ich schätze die *Macht eines Willens* danach, wie viel von Widerstand, Schmerz, Tortur er aushält und sich zum Vortheil umzuwandeln weiß [...]. [82]

Wo endet aber der „Wille zur Macht"? Darf ich andere für meine Ziele töten? Tatsächlich kann es, so Nietzsche, Situationen geben, in denen die Erreichung eines edlen Zieles wichtiger ist als die Frage, ob wir oder andere am Leben bleiben. Und so kann es sein:

> Daß irgend Etwas hundert Mal *wichtiger* ist als die Frage, ob *wir* uns wohl oder schlecht befinden [...] und folglich auch, ob sich die *Anderen* gut oder schlecht befinden. Kurz, daß wir ein *Ziel* haben, um dessentwillen man nicht zögert, *Menschenopfer* zu bringen [...]. [83]

Es klingt zunächst brutal, wenn Nietzsche uns rät, unseren Willen zur Macht auszuleben und nicht zu zögern, notfalls auch Menschenopfer zu bringen. Doch tatsächlich gibt es Situationen, wo dies verlangt wird. So musste sich beispielsweise der frühere deutsche Bundeskanzler Helmut Schmidt einer solchen Entscheidung stellen. Terroristen der Roten Armee Fraktion hatten ein Flugzeug mit dreiundachtzig Menschen an Bord sowie den Arbeitgeberpräsidenten Hanns Martin Schleyer entführt. Sie forderten die Freilassung der inhaftierten Baader-Meinhof-Bande, andernfalls würden sie alle Geiseln töten. Bundeskanzler Schmidt stand, wie er selbst sagt, vor der Entscheidung „Freilassen oder Geiseln opfern" und es gab kein moralisches Gebot, das ihm helfen konnte: „[...] ob man Menschen in einem Flugzeug freikauft dadurch, dass man Verbrecher rauslässt, die dann neue Verbrechen begehen – auf all diese Fragen findet sich im Grundgesetz keine Antwort und auch nicht in der Bibel, und im Koran und in der Thora auch nicht!" [84]

Er befahl schließlich, das Flugzeug zu stürmen. Die Geiseln konnten befreit werden, doch der entführte Hanns Martin Schleier wurde umgebracht. Schmidt hat, um des höheren Zieles wegen, mit großer Härte entschieden – gegen das Leben anderer und wie es Nietzsche verlangt, auch gegen sich selbst. Er hinterlegte folgende schriftliche Anweisung: „Falls Frau Schmidt oder Herr Schmidt gekidnappt werden sollte, soll der Staat nicht austauschen." [85]

Der Wille zur Macht kann in Extremsituationen also verlangen, uns selbst oder andere für ein höheres Ziel zu opfern. Bis hierhin kann man Nietzsche noch folgen. Doch es gibt auch Textstellen, die darüber hinausgehen, in denen das Töten nicht mehr einem konkreten höheren Ziel dient. So wird das Morden im Krieg als prinzipiell gute Charakterschulung angepriesen, um matt werdenden Völkern wieder neue

Energie zu geben. Zu diesem Zweck erscheint Nietzsche der Krieg sogar als „unentbehrlich":

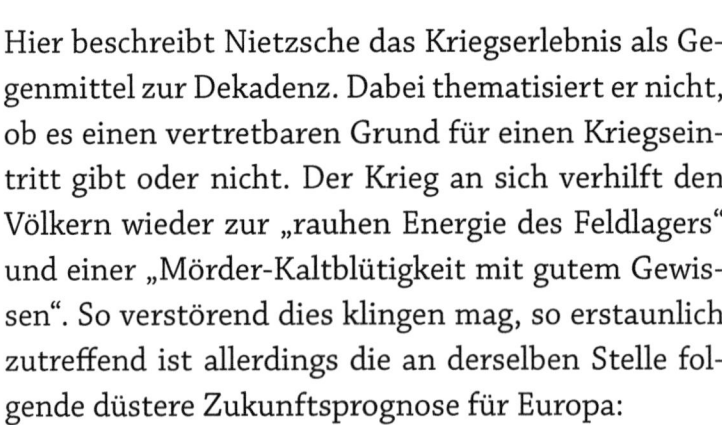

Der Krieg unentbehrlich. [...] Einstweilen kennen wir keine anderen Mittel, wodurch mattwerdenden Völkern jene rauhe Energie des Feldlagers [...] jene Mörder-Kaltblütigkeit mit gutem Gewissen, [...] jene stolze Gleichgültigkeit gegen grosse Verluste, gegen das eigene Dasein und das der Befreundeten [...] ebenso stark und sicher mitgetheilt werden könnte, wie dies jeder grosse Krieg thut [...]. [86]

Hier beschreibt Nietzsche das Kriegserlebnis als Gegenmittel zur Dekadenz. Dabei thematisiert er nicht, ob es einen vertretbaren Grund für einen Kriegseintritt gibt oder nicht. Der Krieg an sich verhilft den Völkern wieder zur „rauhen Energie des Feldlagers" und einer „Mörder-Kaltblütigkeit mit gutem Gewissen". So verstörend dies klingen mag, so erstaunlich zutreffend ist allerdings die an derselben Stelle folgende düstere Zukunftsprognose für Europa:

Man wird noch [...] einsehen, dass eine solche hoch cultivirte und daher nothwendig matte Menschheit, wie die der jetzigen Europäer, nicht nur der Kriege,

sondern der grössten und furchtbarsten Kriege – also zeitweiliger Rückfälle in die Barbarei – bedarf, um nicht [...] ihre Cultur und ihr Dasein selber einzubüssen. [87]

Diese Textpassage aus dem Jahre 1878, in denen er Europa „große und furchtbare Kriege" und „Rückfälle in die Barbarei" prophezeit und diese gleichzeitig als notwendige Stärkung der Kultur legitimiert, gehören zweifellos zum „dunklen Nietzsche". Auch in der folgenden Textstelle kokettiert er in pathetischer Weise mit einer Aufzählung von verschiedenen weltweit aktiven Kriegerkasten, die ihre „Raubtier"-Natur und ihren Willen zur Macht ausleben:

Auf dem Grunde aller dieser vornehmen Rassen ist das Raubthier, die prachtvolle nach Beute und Sieg lüstern schweifende

blonde Bestie nicht zu verkennen; es bedarf für diesen verborgenen Grund von Zeit zu Zeit der Entladung, das Thier muss wieder heraus, muss wieder in die Wildniss zurück: - römischer, arabischer, germanischer, japanesischer Adel, homerische Helden, skandinavische Wikinger – in diesem Bedürfniss sind sie sich alle gleich. [88]

Mit seinem Respekt vor den Samurai-Kriegern Japans, den Wikingern Skandinaviens, den römischen und germanischen Rittern und den homerischen Helden des alten Griechenlands hat Nietzsche zweifellos auch der späteren Vereinnahmung durch Mussolini, die Nationalsozialisten und andere kriegführende Nationen zumindest Vorschub geleistet. Problematisch sind auch Passagen, in denen Nietzsche ketzerisch provokativ dazu auffordert, die christliche Moral des Mitleids mit den Schwachen in das Gegenteil zu verkehren:

Aber ich sage: was fällt, das soll man auch noch stossen! [89]

In der Sekundärliteratur wird dieser ‚dunkle Nietzsche' in den letzten Jahren oft weichgespült, indem nur noch von der „Aristokratie der Seele" gesprochen wird, auf die es Nietzsche letztlich allein ankommen würde. Das wäre aber ebenso falsch wie die Interpretation seines Denkens als Faschismusvorlage.

Nietzsches Schriften sind überreich an Provokationen, die seinen jeweiligen Stimmungen und Perspektiven entspringen. Es ist wie in einem Bergwerk mit Silberadern, Diamanten, Kohle, Granit und allerlei Giftstoffen. Jeder der Sekundärwissenschaftler fördert genau das ans Tageslicht, was zu seiner eigenen Interpretation passt. Man muss aber den ganzen Nietzsche sehen. Und das bedeutet, man darf seine Koketterie mit dem Krieg, der Eroberung, der Raubtiernatur und dem Bösen nicht verschweigen, aber auch nicht überbewerten. Kein Zweifel, Nietzsche sympathisiert mit dem Pathos des Krieges. Er poltert und provoziert, aber er ist umgekehrt auch kein Faschist oder Nazi.

Denn eines steht fest, Nietzsche verurteilt wie kein anderer den aufkommenden „Hornochsen-Nationalismus" oder, wie er auch sagt, den „nationalen Wahnsinn", der ganz Europa zerstören könnte. Die Deutschtümelei nach der Gründung des deutschen Reiches ging ihm besonders auf die Nerven. Und wenn überhaupt irgendein Volk wegen seiner Kultur Grund dazu haben könnte, patriotisch zu sein, dann, so Nietzsche, wären dies die Franzosen, die er sehr verehrte. Seine Haltung war eindeutig. Er sah sich und seine Anhänger zwar nicht als Humanisten, aber auf keinen Fall als Nationalisten oder Rassisten:

[...] wir würden uns nie zu erlauben wagen, von unsrer „Liebe zur Menschheit" zu reden [...], andererseits sind wir aber auch lange nicht „deutsch" genug [...],

um dem Nationalismus und dem Rassenhass das Wort zu reden. [...] Wir sind, mit Einem Worte – und es soll unser Ehrenwort sein! - *gute Europäer* [...]. [90]

Am klarsten aber positioniert sich Nietzsche in seiner Theorie des „Ressentiments" gegen jede faschistische oder nationalistische Ideologie. Der Wille zur Macht ist der Grundantrieb aller Menschen. Während aber starke und freie Geister ihre Macht schöpferisch entfalten und ihre Werte ausleben, unterdrücken die Schwachen und Unfreien alle ihre Machtinstinkte und halten sich sklavisch an die Herdentiermoral, die man ihnen gerade vorgibt. Doch zu einem bestimmten Zeitpunkt, wenn der Druck zu groß wird, entwickeln sie sogenannte „Ressentiments". Das sind Neid- und Hassgefühle, denen sie als fanatisierte Masse freien Lauf lassen:

Der Fanatismus ist nämlich die einzige „Willensstärke", zu der auch die Schwachen und Unsicheren gebracht werden können [...]. [91]

Das heißt die Schwachen, und wie Nietzsche auch sagt, die „Schlechtweggekommenen" bündeln die aufgestauten Energien ihres nicht gelebten Lebens und richten sie auf andere - auf fremde Nationen, auf Freigeister, auf Juden und überhaupt alle Personen, die ihnen als Projektionsfläche dienen können. Indem sie andere erniedrigen, versuchen sie sich „über die eigene Erbärmlichkeit zu erheben" und sich „wichtig" zu fühlen:

> Das sind mir stolze Gesellen, die, um das Gefühl ihrer Würde und Wichtigkeit herzustellen, immer erst Andere brauchen, die sie anherrschen und vergewaltigen können [...] um sich auf einen Augenblick über die eigene Erbärmlichkeit zu heben! – Dazu hat Mancher einen Hund, ein Andrer einen Freund, ein Dritter eine Frau, ein Vierter eine Partei und ein sehr Seltener ein ganzes Zeitalter nöthig. [92]

Fazit: Der Wille zur Macht ist die Grundkraft alles Lebendigen. Er wirkt im Kosmos, den Pflanzen, den Tieren und Menschen. Für die Menschen kommt alles darauf an, den Willen zur Macht nicht zu unterdrücken, zu kanalisieren und in kleingeistigen Ressentiments auszuleben, sondern in seiner ganzen schöpferischen Kraft zur Entfaltung zu bringen und seine höchsten Potentiale zu verwirklichen. Denn genau das ist der Aufbruch und der Weg zu einem höheren Typus Mensch, dem Übermenschen.

Der Übermensch – Facetten einer neuen Lebenskunst

Wer ist nun dieser Übermensch? Was zeichnet ihn aus? Nietzsches Antwort ist vielschichtig und poetisch. Vor allem in seinem zentralen Werk *Also sprach Zarathustra* thematisiert er seine Vision vom Übermenschen. Gleich zu Beginn dieses Werkes lässt Nietzsche seine Hauptfigur, den Propheten Zarathustra, nach zehnjährigem Schweigen aus den Bergen zu den Menschen heruntersteigen und ihnen den Anbruch eines neuen dionysischen Zeitalters verkünden. Ein „höheres Wesen", der sogenannte Übermensch, soll und muss in Zukunft an die Stelle des bisherigen Menschen treten und diesen ablösen.

Denn wenn der moderne Mensch erst erkannt hat, dass Gott tot ist, dass er sein Seelenheil nicht mehr in den alten religiösen Werten finden kann, hat er genau drei Möglichkeiten. Die erste Möglichkeit: Er orientiert sich an Ersatzreligionen und falschen Götzen, wie dem Nationalismus, dem Antisemitismus, dem Sozialismus, dem Sozialdarwinismus oder den kleinbürgerlichen Werten der Konsumgesellschaft und ihren Heilsversprechen. Die zweite Möglichkeit: Er verfällt dem Sog des Nihilismus, tritt auf der Stelle, wird apathisch, ziellos und resignativ. Die dritte

Möglichkeit, und das ist diejenige, die uns Nietzsche empfiehlt, ist das Wagnis einer radikalen Neuorientierung. Wir müssen einen großen Schritt nach vorne machen, den Schritt hin zum Übermenschen. An Stelle von Gott und den Götzen soll der Übermensch treten, der seine eigenen schöpferischen Möglichkeiten entdeckt und entfesselt:

Todt sind alle Götter: nun wollen wir, dass der Übermensch lebe. [93]

Sobald wir Menschen nämlich begreifen, dass mit Gott auch alle früheren Werte gestorben sind und dass nichts und niemand uns mehr sagen kann, wie wir künftig leben sollen, müssen wir beginnen, auf uns selbst zu vertrauen. Das ist die Geburtsstunde des Übermenschen. Er ist daher gleichzeitig der „Besieger Gottes und des Nichts". Er setzt sein eigenes Recht, entscheidet über die Zukunft, gebiert neue Werte:

Wer darüber nachdenkt, auf welche Weise der Typus Mensch zu seiner größten Pracht und Mächtigkeit gesteigert werden kann, der wird zuallererst begreifen, daß er sich außerhalb der Moral stellen muß [...]. [94]

Nietzsches Übermensch handelt also selbstständig und setzt alles daran, seine eigenen Impulse im Dasein fruchtbar zu machen. Dafür verlässt er die Komfortzone der Gesellschaft:

[...] das Geheimnis, um die grösste Fruchtbarkeit und den grössten Genuss vom Dasein einzuernten, heisst: *gefährlich leben!* [95]

Auch wenn der Übermensch gefährlich lebt und nach eigenem Ermessen, ist er dennoch kein „Superman", wie wir ihn aus den Comic-Heften und Filmen kennen. Weder ist er ein unverwundbares Kraftpaket, das allen anderen überlegen ist, noch wird er als siegreicher Held bewundert und verehrt. Er ist eher ein Außenseiter, ein Outlaw, leidgeprüft und tragisch. Und er kommt auch nicht von einem anderen Stern. Vom Normalmenschen heben den Übermenschen im Wesentlichen nur fünf zentrale Merkmale ab. Erstens – es geht ihm im Leben nicht primär darum, glücklich zu werden. Zweitens, er ist sein eigener Gesetzgeber, drittens, er kämpft leidenschaftlich für seine höchsten Werte und ist dafür zu großen Opfern bereit, viertens, er ist uneitel und unabhängig von der Meinung anderer und fünftens, er liebt das Leben.

Das einzige, was den Übermenschen mit der Figur des Comic-Helden „Superman" am Ende vielleicht doch verbindet, ist eine bestimmte Form von mentaler Stärke:

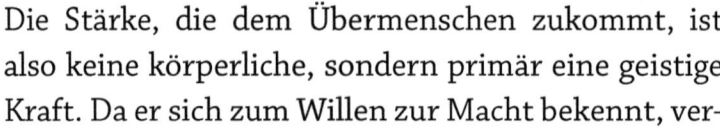

Es ist der *Reichthum an Person*, die Fülle in sich, das Überströmen und Abgeben, das instinktive Wohlsein und Jasagen zu sich, was die großen Opfer und die große Liebe macht [...]. [96]

Die Stärke, die dem Übermenschen zukommt, ist also keine körperliche, sondern primär eine geistige Kraft. Da er sich zum Willen zur Macht bekennt, versucht er seine höchsten Potentiale auch gegen innere und äußere Widerstände zu entfalten:

Dass dem Stärkeren diene das Schwächere, dazu überredet es sein Wille [...]. [97]

Doch mit den Attributen „Stärke", „Schwäche" „Herrenmoral", „Sklavenmoral" und „Übermensch" charakterisiert Nietzsche keine Gruppe, Nation oder Rasse, sondern einzelne starke Individuen, die sich entschlossen gegen die Herdentiermoral, gegen das Führerprinzip und gegen die materialistische Konsumgesellschaft stellen. Auch werden die Starken sehr schnell zu Schwachen, wenn sie als Außenseiter die Macht der Mehrheitsgesellschaft und ihrer Herdentiermoral zu spüren bekommen:

Die Stärksten [...] sind schwach, wenn sie organisirte Heerdeninstinkte [...] der Schwachen, der Überzahl gegen sich haben. [98]

Mit Schwäche meint Nietzsche letztlich das „Ressentiment", die Sklavenmoral, den Hass und den Neid, der auf andere gerichtet wird, um sich selbst zu überhöhen. Der Übermensch zeichnet sich dagegen dadurch aus, dass er sich radikal von der Herdentier-Moral des Christentums und der modernen Massengesellschaft befreit, die seiner Entfaltung über Jahrhunderte im Weg standen:

[...] das Christentum [...] hat einen *Todkrieg* gegen diesen *höheren* Typus Mensch gemacht, es hat alle Grundinstinkte dieses Typus in Bann gethan [...]. [99]

Aber genau auf diese ursprünglichen animalisch dionysischen Grundinstinkte muss sich der Mensch wieder besinnen, um seine schöpferische Kraft zu entfalten. Nietzsches Übermensch ist also einerseits Aristokrat, Herrenmensch, Immoralist, Entdecker und mutiger Eroberer, andererseits kreativ, dionysisch, intuitiv, künstlerisch und voll von überströmender Liebe. Er hat also objektiv betrachtet höchst widersprüchliche Facetten, die zum Teil unvermittelt nebeneinanderstehen. Deutlich wird das auch wieder im folgenden Zitat:

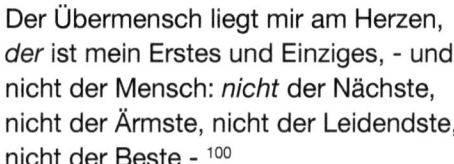

> Der Übermensch liegt mir am Herzen, *der* ist mein Erstes und Einziges, - und nicht der Mensch: *nicht* der Nächste, nicht der Ärmste, nicht der Leidendste, nicht der Beste - [100]

Der Übermensch, den Nietzsche uns hier ankündigt, ist also weder der Mensch der Nächstenliebe, der Armut und des Mitleids, noch ist er – und das ist die überraschende Wende in dieser Beschreibung – der „Beste". Denn der Beste, mag er auch der am meisten Anerkannte, der Reichste, Schönste oder Mächtigste sein, ist deshalb noch lange nicht der dionysisch leidenschaftliche Übermensch, der für sein Werk brennt und leidet:

> [...] die „höhere Natur" des großen Mannes liegt im Anderssein, in der Unmittheilbarkeit

[...] *nicht* in irgend welchen Wirkungen: und ob er auch den Erdball erschütterte. – [101]

Die „Unmittheilbarkeit", also das Einstehen für ein höheres Ziel, das man vielleicht gar nicht mehr vermitteln kann, macht den „höheren Menschen" aus, nicht das, was er bewirkt. Diktatoren, die den „Erdball erschüttern", sind deshalb noch lange keine Übermenschen, ebenso wenig wie Kapitalmagnaten:

Seht mir doch diese Überflüssigen! Reichthümer erwerben sie und werden ärmer damit [...] – diese Unvermögenden! [102]

Das Heroische des Übermenschen besteht letztlich darin, dass er seine ganze Willenskraft in den Dienst seines höchsten Zieles stellt. Deshalb spielt es keine

Rolle, ob und wie viele Entbehrungen er dabei erleidet und ob er dabei glücklich wird:

Der Mensch strebt *nicht* nach Glück; nur der Engländer thut das. [103]

An dieser Stelle kritisiert Nietzsche den bis heute populären englischen Utilitarismus, wonach das höchste Ziel jedes Handelns darin bestehen sollte, dass man für die größtmögliche Zahl der Menschen den größtmöglichen Nutzen und somit das größtmögliche Glück erzielt. Dies sei nichts als arithmetische „Krämerseelenmoral". Der dionysische Mensch stellt sich dagegen ohne jede Nutzenabwägung leidenschaftlich in den Dienst seiner Sache. Er erwartet dafür weder Lob noch Anerkennung:

Leidenschaftliche Menschen denken wenig an Das, was die Anderen denken, ihr Zustand erhebt sie über die Eitelkeit. [104]

Viele große Künstler haben ihr Leben lang keine pekuniäre oder gesellschaftliche Anerkennung erfahren, sind aber dennoch unbeirrt ihrem Stil und ihrem innersten kreativen Antrieb treu geblieben. Und selbst Napoleon, den Nietzsche neben Goethe als ein Beispiel für „große Menschen" anführt, scheitert am Ende und landet in der Verbannung auf St. Helena.

Das Ausleben des Willens zur Macht und die dionysische Entfaltung der eigenen Potentiale bedeutet nicht, dass man sich am Ende durchsetzt. Generell geht es dem Übermenschen auch nicht um gesellschaftlichen Erfolg, um politische Macht oder um Reichtum, sondern um eine ganz neue Art existenzieller Lebenssteigerung. Er will als Individuum alles geben, was er zu geben hat, sich leidenschaftlich entäußern. Dass er dabei oft unverstanden bleibt oder grandios scheitert, spielt letztlich keine Rolle. Er liebt gerade auch die Widerstände, die sich ihm im Leben entgegenstellen und an denen er sich abarbeitet. Er liebt gleichermaßen die Lust und das Leiden:

Meine Formel für die Grösse am Menschen ist *amor fati* […]. Das Nothwendige nicht bloss ertragen […], sondern es *lieben*. [105]

Die Wiederkehr des ewig Gleichen

Amor Fati heißt übersetzt „Liebe zum Schicksal".
Und darum geht es Nietzsche auch in seiner viel dis-
kutierten Theorie von der „Wiederkehr des ewig Gleichen". Wir müssen das Leben annehmen, auch wenn
sich dahinter kein höherer Sinn verbirgt. Nietzsche
lehnt nicht nur Gott als höheren Sinn ab, sondern
auch den Gedanken einer zielgerichteten Höherent-
wicklung durch die Evolution:

> Die Menschheit stellt *nicht* eine
> Entwicklung zum Besseren oder
> Stärkeren oder Höheren dar, in der
> Weise, wie dies heute geglaubt wird.
> Der „Fortschritt" ist bloss eine moderne
> Idee, das heisst eine falsche Idee. [106]

Nietzsche stellt jeden Fortschrittsgedanken in Frage, wonach wir in der Geschichte eine Aufwärtsbewegung auf ein definiertes Ziel hin durchlaufen:

Wir leugnen Schluß-Ziele: hätte das
Dasein eins, so müßte es erreicht sein. [107]

Wenn es ein solches Endziel gäbe, zum Beispiel die
Verwirklichung einer idealen Gesellschaft, dann
müsste es längst verwirklicht sein. Auch der Übermensch ist nicht das Ergebnis einer zielstrebigen
Aufwärtsbewegung, sondern ein immer wieder mal
auftretender, „Glücksfall":

es [gibt] ein fortwährendes Gelingen einzelner
Fälle an den verschiedensten Stellen der Erde
[…], mit denen in der That sich ein *höherer Typus*

darstellt: Etwas, das im Verhältnis
zur Gesamt-Menschheit eine Art
Übermensch ist. Solche Glücksfälle
des grossen Gelingens waren
immer möglich und werden
vielleicht immer möglich sein. [108]

Nietzsche setzt an die Stelle einer aufsteigenden Geschichtsphilosophie seine berühmte Kreislauftheorie – die Wiederkehr des ewig Gleichen. Wenn nämlich, so Nietzsche, die Zeit unendlich ist und das Universum tatsächlich, wie es die Wissenschaft behauptet, aus einer begrenzten Anzahl von Materie beziehungsweise Energie besteht, dann wird alle Materie im Laufe der Zeit unendlich oft neu angeordnet.

So besteht beispielsweise das Wetter aus einer sehr begrenzten, sich wiederholenden Anordnung von Materie durch chemische und physikalische Prozesse. Und nicht selten hat man beim Hören des Wetterberichtes das Déjà-vu-Gefühl: „Schon wieder dieses Sauwetter". Und selbst wenn das konkrete Sauwetter minimal anders sein sollte als das vorausgegangene, ist es dennoch sehr wahrscheinlich, dass es sich in tausend Jahren oder einem nach oben offenen Zeitraum irgendwann exakt wiederholen wird. Sogar schöne Sonnenuntergänge sind vielleicht gar nicht so einzigartig, wie man gerne glauben möchte. Man muss sich dazu nur einmal die immer gleichen Fotos ansehen.

Nicht nur Wetterberichte, Sonnenaufgänge, Jahreszeiten und andere Kreisläufe stehen für die ewige Wiederkehr, auch unser eigenes Dasein ist, so Nietzsche, wenn man die Unendlichkeit berücksichtigt, nicht so einzigartig, wie wir es selbst gerne glauben. In Billiarden von Jahren oder in einer noch nicht absehbaren Ewigkeit unserer Galaxie ist es sogar rein mathematisch sehr wahrscheinlich, dass sich irgendwann aus der Asche früherer Lebewesen wieder ein Molekülverband bildet, der unserem bis ins Detail gleicht:

Unsere Welt ist die *Asche* unzähliger *lebender* Wesen: und wenn das Lebendige auch noch so wenig im Vergleich zum Ganzen ist: so ist *alles* schon einmal in Leben umgesetzt gewesen, und so geht es fort. [...]

[...] das Dasein; so wie es ist, ohne Sinn und Ziel, aber unvermeidlich wiederkehrend, ohne ein Finale ins Nichts: „die ewige Wiederkehr". [110]

Diese Zeilen sind, wie so oft bei Nietzsche, provokativ und schwer verdaulich. Erstens sagt er, dass unser Dasein wiederkehrend und somit nicht einzigartig ist. Zweitens stellt er fest, dass es ohne Sinn und Zweck auf dieser Welt existiert. Es gibt auch kein Finale, kein Endspiel, in dessen Verlauf der Sinn der Welt doch noch entschlüsselt oder die ewige Wiederkehr beendet wird.

Und dennoch ruft uns Nietzsche auf, angesichts der Absurdität der sich wiederholenden Zyklen nicht zu resignieren, sondern die Teilhabe an diesem gewaltigen Prozess zu bejahen, ihn in sich zu spüren und zu genießen. Nietzsche beschreibt die Wiederkehr des ewig Gleichen in seiner poetischen Sprache als eine zielgerichtete Kraft, die uns mit der Natur, dem Kosmos und dem ganzen Universum verbindet, als

bestimmte Kraft einem bestimmten Raum eingelegt, und nicht einem Raume, der irgendwo „leer" wäre, vielmehr als Kraft überall, als Spiel von Kräften und Kraftwellen zugleich

> Eins und „Vieles", hier sich häufend und zugleich dort sich mindernd, ein Meer in sich selber stürmender und fluthender Kräfte, ewig sich wandelnd, ewig zurücklaufend, mit ungeheuren Jahren der Wiederkehr [...]. [111]

Dies ist erstaunlicher Weise kein Widerspruch zu Darwins Evolutionstheorie. Auch für Nietzsche ist die Welt genau wie für Darwin in ständiger Veränderung begriffen, aber er denkt in größeren, man kann sagen, gigantischen Zeiträumen. Wenn beispielsweise unsere Sonne, wie von der Wissenschaft vorhergesagt, irgendwann verglüht und mit ihr die Erde, dann beginnen vielleicht gleichzeitig in Millionen anderer Sonnensysteme neue Evolutionen, von denen einzelne auch Wiederholungen bereits dagewesener Abläufe sind. In einem grandiosen Crescendo beschreibt Nietzsche die Grundkraft des sich Wiederholenden als den Willen zur Macht, der uns alle erfasst:

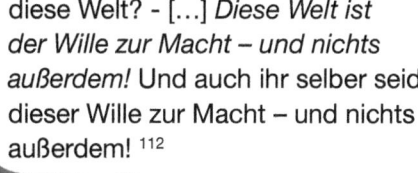

[...] diese meine *dionysische* Welt des Ewig-sich-selber-Schaffens, des Ewig-sich-selber-Zerstörens [...] ohne Ziel, [...] wollt ihr einen *Namen* für

diese Welt? - [...] *Diese Welt ist der Wille zur Macht – und nichts außerdem!* Und auch ihr selber seid dieser Wille zur Macht – und nichts außerdem! [112]

Die Lehre von der ewigen Wiederkehr hat zudem eine Bedeutung oder einen Mehrwert für unseren persönlichen Lebensentwurf. Zwar gibt es laut Nietzsche keine individuelle Seelenwanderung und somit kein Weiterleben nach dem Tod, aber wir können uns die existenzielle Frage stellen, ob wir wirklich wollen, dass sich das eigene Dasein, so wie es jetzt ist, beliebig oft wiederholen soll.

Was nutzt uns Nietzsches Entdeckung heute?

Hat Nietzsche Recht – sind wir ohne das Böse halbe Menschen?

Nietzsches Philosophie ist wie ein Sturzbach, der erst einmal alle Werte mit sich fortreißt und keinen Stein auf dem anderen lässt. Ihm ist nichts heilig. Aber wohin führt uns die Umwertung aller Werte? Ist am Ende alles erlaubt – auch das Böse, der Raub, der Totschlag? Nietzsche antwortet mit einer Gegenfrage:

„Du sollst nicht rauben! Du sollst nicht todtschlagen!" – solche Worte hiess man einst heilig; [...] Aber ich frage euch: [...] Ist in allem Leben selber nicht – Rauben und Todtschlagen? [113]

Zweifellos gehören Raub, Totschlag und Mord seit Anbeginn der Menschheit zum Leben dazu und ein

Ende ist nicht absehbar. So weist beispielsweise die offizielle Kriminalstatistik der USA jedes Jahr konstant über 15.000 Morde auf. Aber, so könnte man Nietzsche entgegenhalten, diese 15.000 Morde sind angesichts von 320 Millionen Amerikanern doch nur die Ausnahme, welche die Regel bestätigen, dass die Menschen gewaltfrei leben. Das „Böse" gehört daher prinzipiell nicht zum Wesen des Menschen und seiner Kultur. Der zivilisierte Mensch, so lernt man es ja auch in der Schule, gestaltet sein Leben kooperativ, dialogisch und gewaltfrei. Prügelstrafen im Strafvollzug oder in der Kindererziehung gehören inzwischen weitestgehend der Vergangenheit an.

Das macht Hoffnung. Wenn man aber abends den Fernseher einschaltet, bekommt man ein anderes Bild. Nicht nur in der Nachrichtensendung sieht man Gewaltverbrechen, terroristische Aktionen und kriegerische Konflikte, sondern – und das ist das Beunruhigende – vor allem danach, wenn der so genannte „unterhaltsame Teil" des Abends beginnt. Jeder, der mit der Fernbedienung einmal durch die Kanäle zappt, wird Zeuge einer beeindruckenden Galerie des „Bösen". Da wird geschrien, gedroht, erpresst, gestohlen, geraubt, entführt, geprügelt, gerungen, geschossen, vergewaltigt und sogar kannibalisiert. Geheimagenten, Bankräuber, Serienkiller, Zombies,

Mutanten, Weiße Haie und sogar Außerirdische verrichten ein düsteres Werk. Aber warum? Was fasziniert uns so, dass die Sendeanstalten uns Abend für Abend das Kriminelle, das Aggressive und Böse in die Wohnzimmer liefern? Hat Nietzsche Recht? Gehört das Böse doch zu unserer Natur?

> Der Mensch nämlich ist das grausamste Thier. Bei Trauerspielen, Stierkämpfen und Kreuzigungen ist es ihm bisher am wohlsten geworden auf Erden; [114]

Im Mittelalter gab es tatsächlich bei Vierteilungen und Enthauptungen die größten Menschenaufläufe, im alten Rom bei Gladiatoren- und Raubtierkämpfen. Und auch noch heute ist es einem Millionenpublikum bei Schwergewichtskämpfen und beim „Tatort"-Schauen am wohlsten. Was macht den wöchentlichen Mord so attraktiv? Ist es das Interesse an der guten Polizeiarbeit oder der voyeuristische Blick in das Innenleben der Mörder, die eine uns wohlbekannte Grenze überschreiten? Die Grenze zum verbotenen und tabuisierten Bereich unserer eigenen aggressiven und unsozialen Anteile? Ist es am Ende die Faszination am eigenen Schatten? Fest steht, es gibt in allen Kulturen der Welt einen großen Bedarf an Filmen, die Eroberung, Kampf, Mord und Machtausübung, also kurzum, unsere dunkle Seite thematisieren.

Die bislang mit Abstand erfolgreichste Serie der Welt heißt „Game of Thrones", das „Spiel um die Throne". Es in der Tat ein grandioses Intrigenspiel mit Mord, Liebe, Hass, Folter, Hinterhalt, Verrat, List, Vergewaltigung, Schlachten und Verzweiflung. Wie der Titel schon sagt, geht es um den Thron der „sieben Königslande". Dafür folgen die Heldinnen und Helden ihrem „Willen zur Macht" in einen schicksalhaften Kampf, in dem sie ihre größten Talente und abgründigsten Instinkte in die Waagschale werfen. Dieser heroische Kampf um die Macht bis an die Grenzen der Leidensfähigkeit ist in allen großen Epen und Mythen der Menschheit das Thema par excellence. Nietzsche fordert nun, dass wir uns dieser Tatsache endlich stellen und den Machthunger des Menschen anerkennen.

Wenn wir den Willen zur Macht verneinen und unseren natürlichen Drang unterdrücken, bedeutet das eine Abkehr von unserer Natur und unserer Bestimmung. Es ist ein „Nein" zum Leben. Der Mensch, so Nietzsche, ist höchstens noch ein halber Mensch, wenn er auf Machtentfaltung verzichtet und stattdessen auf Mitleid, Nächstenliebe, Gewaltlosigkeit und Demut setzt. Wir müssen unseren Drang zur Selbststeigerung und damit unseren Willen zur Macht akzeptieren, selbst wenn er etwas Dämonisches hat:

[...] die Liebe zur Macht ist der Dämon der Menschen. Man gebe ihnen Alles, Gesundheit, Nahrung, Wohnung, Unterhaltung, – sie sind und bleiben unglücklich und grillig: denn der Dämon wartet und wartet und will

befriedigt sein. Man nehme ihnen Alles und befriedige diesen: so sind sie beinahe glücklich, – so glücklich als eben Menschen und Dämonen sein können. [115]

Die Machtausübung ist letztlich unvermeidlich, insofern wir bei der Verfolgung unserer eigenen Interessen unweigerlich die Interessen der anderen berühren:

Es giebt gar keinen Egoismus, der bei sich stehen bliebe und nicht übergriffe [...]. [116]

Unser Egoismus oder wie Nietzsche auch sagt, unsere „Lebenssteigerung" gehört zu unserer Natur und ist daher nicht „böse", selbst wenn er eine Beeinträchtigung der anderen bedeutet:

[...] nach diesem Maaße muß es mir fern liegen, dem Dasein seinen bösen und schmerzhaften Charakter zum Vorwurf anzurechnen, sondern [ich] ergreife die Hoffnung, daß es einst böser und schmerzhafter sein wird als bisher. [117]

Der Wille zur Macht ist also jenseits von Gut und Böse. Wo aber ist die Grenze? Nietzsche kokettiert an dieser Stelle mit dem Bösen als gesteigerter Form der Selbstbegrenzung. Er macht dem Dasein keinen Vorwurf wegen seiner bösen und schmerzhaften Anteile, sondern hofft sogar, dass es sein Quantum an Willens- und Machtentfaltung in Zukunft noch steigert, noch „böser und schmerzhafter" wird. Will Nietzsche jede Moral abschaffen?

Was ist gut? – Alles, was das Gefühl der Macht, den Willen zur Macht, die Macht selbst im Menschen erhöht. Was ist schlecht? – Alles, was aus der Schwäche stammt. [118]

Tatsächlich bezeichnet sich Nietzsche gerne als den großen „Immoralisten" und „Antichristen". Und tatsächlich hat er wie kein zweiter die alte Moral und das Christentum als Schwäche kritisiert. Und dennoch war er keinesfalls „amoralisch". Seine These lautet immer nur, dass sich die Menschen auf dem Weg zum höheren Wesen oder zum Übermenschen von dem alten Wertesystem befreien müssen, um sich stattdessen selbst ihre eigenen Werte und eine eigene Moral zu geben:

Wir [...] *wollen Die werden, die wir sind,* - die Neuen, die Einmaligen, die Unvergleichbaren, die sich selber-Gesetzgebenden, die sich-selber-Schaffenden! [119]

Der „Mensch neuen Typus" oder auch der Übermensch ist also nicht amoralisch, sondern nur sein eigener Gesetzgeber. Der Übermensch ist im Grunde sogar moralischer als der Christ, denn Letzterer lässt sich die 10 Gebote und alle anderen Werte nur von außen vorschreiben:

> [...] das Maaß seines Werthes liegt *außer* ihm. [120]

Nietzsche lehnt eine übergreifende Moral ab, die den Individualismus leugnet und allen Menschen gleichermaßen Ideale vorgibt, wer und wie sie sein sollen:

> – ein Mensch, wie er sein *soll*: das klingt uns so abgeschmackt wie: „ein Baum, wie er sein soll". [121]

Nach dem Tod Gottes muss sich der Mensch von der Sklavenmoral befreien und sich seine eigenen individuellen Werte schaffen. Zarathustra stellt daher die entscheidende Frage:

> Kannst du dir selber dein Böses und dein Gutes geben und deinen Willen über dich aufhängen wie ein Gesetz? [122]

Damit hat Nietzsche den modernen Individualismus in seiner ganzen Radikalität zu Ende gedacht. Wer soll das Individuum moralisch regieren, wenn nicht das Individuum? Nietzsche war also nicht amoralisch. Er forderte lediglich einen Pluralismus der Werte, einen Pluralismus der individuellen Moralen:

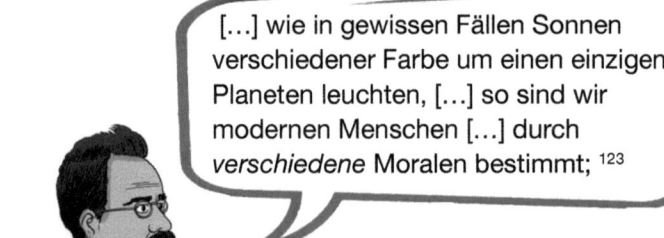

> [...] wie in gewissen Fällen Sonnen verschiedener Farbe um einen einzigen Planeten leuchten, [...] so sind wir modernen Menschen [...] durch *verschiedene* Moralen bestimmt; [123]

Was bedeuten aber „verschiedene Moralen" für das Zusammenleben im Staat? Als politische Alternative zur Demokratie, die Nietzsche als „Anstalt der Herdentiermoral" und des „Pöbels" abtut, feiert er rückblickend die antike Aristokratie als optimale Staatsform. Darunter versteht er im altgriechischen Sinn des Wortes die Herrschaft der Besten. Doch selbst eine aristokratische Gesellschaft wäre nach Nietzsches eigenen Vorgaben in sich ziemlich widersprüchlich. Der größte Widerspruch ergäbe sich aus der Charakterisierung des Übermenschen und dessen Willen zur Macht: Wie soll das von allen Werten befreite Individuum mit anderen entfesselten Individuen noch in einer Gemeinschaft zusammen leben, wenn jeder seinen eigenen Gesetzen und seinem eigenen Willen zur Macht folgt? Was passiert, wenn zwei Übermenschen gegensätzliche Werte vertreten? Nietzsche lässt seinen Propheten Zarathustra eine schillernde Antwort geben:

[...] laßt uns auch Feinde sein, meine Freunde! Göttlich – wollen wir wider einander spielen! – [124]

In seinem fragmentarisch gebliebenen Hauptwerk *Der Wille zur Macht* ergänzt er noch:

Ich träume eine Genossenschaft von Menschen, welche unbedingt sind, keine Schonung kennen und „Vernichter" heissen wollen: sie halten an alles den Maassstab ihrer Kritik und opfern sich der Wahrheit. [125]

Aus diesen wenigen Andeutungen kann man nur entnehmen, dass Nietzsche das Bild einer anarchistisch streitbaren und streitlustigen Gesellschaft freier Individuen vor Augen hatte, die im Bewusstsein ihrer Vielfalt freundschaftlich um ihre Werte kämpfen. Interessant ist in diesem Zusammenhang auch seine radikale Vision vom sogenannten „Verbrecher der Zukunft", der als sein eigener Gesetzgeber und Täter auch sein eigener Richter ist:

Ist ein Zustand undenkbar, wo der Übelthäter sich selber zur Anzeige bringt, sich selber seine Strafe öffentlich dictirt, im stolzen Gefühle, dass er so das Gesetz ehrt, das er selber gemacht hat [...]? [126]

Eine interessante Vision. Wenn aber der Fall eintritt, dass sich der Verbrecher der Zukunft gar nicht als Übeltäter fühlt und sich zudem genau wie seine Mit-Übermenschen auf den Willen zur Macht beruft, ist eine Einigung auf gemeinsame Werte kaum zu erwarten. Im besten Fall kommt dabei eine Anarchie der Wünsche beziehungsweise ein kreatives Chaos heraus, im schlechtesten Fall ein Krieg aller gegen alle, aber sicher kein Rechtsstaat.

Es gibt keinen Zweifel. Eine funktionierende Moral lebt letztlich davon, dass sie, ähnlich wie ein Verkehrszeichensystem mit Schildern, Ampeln und Fahrbahnmarkierungen, von allen gleichermaßen getragen und befolgt wird. Für individuell kreative Eigenlösungen, z.B. bei Rot loszufahren, ist nicht viel Raum. Dieses Kardinalproblem, dass eine Vielzahl befreiter und höherer Individuen, die, ihrem Willen zur Macht folgend, eigene Werte generieren, am Ende nicht zusammenleben können, hat Nietzsche an einigen Stellen wohl selbst erkannt:

[...] der höchste Grad von Individualität wird erreicht, wenn jemand in der höchsten Anarchie sein Reich gründet als Einsiedler. [127]

Da wir aber nicht alle Einsiedler werden können, bleibt das Problem der Gemeinschaft ungelöst. Im Zarathustra sieht Nietzsche konsequenterweise die Entfaltung des Übermenschen prinzipiell nicht mehr in einer staatlichen Organisation, die ohnehin vergiftet ist:

Staat nenne ich's, wo Alle Gifttrinker sind, Gute und Schlimme: Staat, wo Alle sich selber verlieren [...]. Dort, wo der Staat aufhört, da beginnt erst der Mensch [...] [128]

Kein Zweifel – mit Nietzsche kann man keinen Staat machen. Er kritisiert zwar sehr präzise und erstaunlich weitblickend den heraufziehenden Nationalismus, den Sozialismus, die Demokratie, den Antisemitismus, den Sozialdarwinismus und den modernen Kapitalismus, aber seine eigene politische Vision des aristokratischen Anarchismus ist letztlich nicht zu realisieren. Er ist kein Denker der politischen Theorie, dafür aber ein umso brillanterer Psychologe.

Er hat uns in Erinnerung gerufen, dass wir keine reinen, hochmoralischen Geistwesen sind, sondern auch Triebwesen mit unsozialen Affekten. Und der Umgang mit diesen Affekten kann und darf, so Nietzsche, kein dumpfes Unterdrücken und Verdrängen mehr sein, wie dies in den letzten Jahrhunderten der Fall war.

[...] Dieser Unnatur entspricht dann jene dualistische Conception eines bloß guten und eines bloß bösen Wesens

[...], das Eine hat ein Recht zu sein, das Andere *sollte gar nicht da sein* [...].[129]

Anstelle der Triebunterdrückung und der falschen Demut des Gläubigen setzt er den Freigeist mit seinem „Recht auf alles". Jeder Mensch sollte je selbst einen verantwortlichen Umgang mit seinen guten und bösen Antrieben finden. Dazu gibt es allerdings kein Patentrezept:

> Ich will allen, welche ihr Muster suchen, helfen, indem ich zeige, *wie* man ein Muster sucht: und meine größte Freude ist, den individuellen Mustern zu begegnen, welche *nicht* mir gleichen. Hol' der Teufel alle Nachahmer [...]! [130]

Dionysisch leben – dem Gefühl vertrauen!

Nichts kritisiert Nietzsche so sehr, wie die Leibfeindlichkeit. Jahrtausendelang wurde das rauschhaft, chaotisch, kreativ leibliche Element, kurz, der dionysische Anteil des Menschen unterdrückt zu Gunsten des rationalen Anteils, des logischen Denkens und der Vernunft. Das war und ist ungesund.

Metaphysiker, Priester und Religionslehrer, die auf die reine Seele und Vernunft verweisen, beschimpft Nietzsche deshalb als Verächter des Leibes und empfiehlt ihnen in seiner sarkastischen Art, es doch einfach mal ganz ohne ihren Leib zu versuchen:

Den Verächtern des Leibes will ich mein Wort sagen. Nicht umlernen und umlehren sollen sie mir, sondern nur ihrem eignen Leibe Lebewohl sagen – und also stumm werden. [131]

Nach über zweitausendjähriger Leibfeindlichkeit der platonischen Philosophie, der jüdischen, katholischen und protestantischen Kirche, wonach der Leib sündig ist und nur ein Diener des Geistes, hat Nietzsche als erster gefordert, uns wieder zu unserem Leib und unserer animalischen Herkunft zu bekennen. So lautet sein großes Credo:

Leib bin ich ganz und gar, und Nichts ausserdem; [132]

Zweitens hat er nach Jahrtausenden bereits viele Jahre vor Freud die Herkunft und Entstehung des schlechten Gewissens als Sekundärphänomen der Evolution erkannt. Das Gewissen ist nichts Ursprüngliches oder Göttliches, sondern speist sich aus unserer eigenen animalischen Energie, die wir nicht mehr, wie noch in der Urzeit, in Form von Affekten und Trieben an der Außenwelt anbringen, sondern gegen uns selbst richten.

Und drittens – und das war vielleicht seine tiefenpsychologisch größte Leistung – hat Nietzsche das „Cogito ergo sum" von Descartes, also das denkende Ich als Garant und Herrscher unserer Existenz in Frage gestellt. Wir meinen zwar, so Nietzsche, als Homo sapiens zu handeln, also genau so, wie unsere Vernunft es uns vorgibt, aber in Wirklichkeit folgen wir doch nur dem verborgenen, unbewussten Willen des Leibes, der letztlich die Entscheidungen trifft:

> Der Leib ist eine grosse Vernunft [...].
> Werkzeug deines Leibes ist auch deine kleine Vernunft, mein Bruder, die du „Geist" nennst, ein kleines Werk- und Spielzeug deiner grossen Vernunft. [133]

In diesem Zitat dreht Nietzsche die Hierarchie von Geist und Körper diametral um. Bislang galt: Die Vernunft beziehungsweise der Geist regiert und beherrscht den Körper, denn der Mensch ist ein Vernunftwesen. Nietzsche behauptet nun das Gegenteil: Der Leib ist die eigentlich „große Vernunft", die uns führt. Der Intellekt ist dagegen nur die „kleine Vernunft", die nicht in der Lage ist, selbständig Entscheidungen zu treffen. Die viel gepriesene denkende Vernunft ist letztlich nur eine Illusion, an die unser Ego allzu gerne glauben will. Im Alltag aber rechtfertigt sie nur hinterher, was unser Leib wollte und meistens schon getan hat:

„Ich" sagst du und bist stolz auf diess Wort. Aber das Grössere ist, woran du nicht glauben willst, – dein Leib und seine grosse Vernunft: die sagt nicht Ich, aber thut Ich. [134]

Diesen Vorgang, dass das „Ich" zu steuern glaubt, sich aber in Wirklichkeit damit begnügen muss, rationale Begründungen für Handlungen nachzureichen, die vom Leib bereits vorgenommen wurden, nennt der Psychoanalytiker Freud später eine „Rationalisierung". Auch übernimmt Freud in seinem berühmt gewordenen Satz „Das Ich ist nicht Herr im eigenen Haus" fast wörtlich Nietzsches Kritik am denkenden Ich.

Nietzsche Bedeutung für das neue Menschenbild der Psychoanalyse und des gesamten 20. und beginnenden 21. Jahrhunderts war immens. Seine Philosophie kann auch in dieser Hinsicht als Zeitenwende verstanden werden. Er hat nicht nur den „europäischen Nihilismus" mit seinen Verirrungen in Nationalismus, Sozialismus und Kapitalismus vorhergesagt, sondern auch erkannt, dass der Mensch keineswegs, wie Descartes, Kant, Hume und die Aufklärer behaupten, ein reines Verstandeswesen ist. Der Mensch, so Nietzsche, ist und bleibt immer auch ein Homo natura, ein Triebwesen, das aus seinen unbewussten dionysischen Wünschen und Bedürfnissen heraus lebt und leben muss:

> Hierher stelle ich den *Dionysos* der Griechen: die [...] Bejahung des Lebens, des ganzen, nicht verleugneten und halbirten Lebens. [135]

Doch was nutzt uns diese Einschätzung heute? Nach Nietzsche sind wir unter dem Korsett des logischen Denkens erstarrt. Das geht so weit, dass unsere Kultur für alles und jedes logische Begründungen verlangt. Wir sind in einer Art Diktatur des Denkens gefangen. Das ordnende und formgebende Prinzip hat gesiegt. Doch jeder Mensch hat eben auch rauschhafte, schöpferische Kräfte in sich. Nietzsche empfiehlt uns, diese bislang nur unterschwellig wirksamen Kräfte wieder offen zuzulassen. Denn jeder, der seine dionysisch affektiven Regungen zu sehr unterdrückt, läuft Gefahr krank zu werden:

Was büßt man am schlimmsten? Seine Bescheidenheit; seinen eigensten Bedürfnissen kein Gehör geschenkt zu haben; [...] – dieser *Mangel an Ehrerbietung* gegen sich rächt sich durch jede Art von *Einbuße*: Gesundheit, Wohlgefühl, Stolz, Heiterkeit, Freiheit, Festigkeit, Muth, Freundschaft. [136]

Im Gefolge von Nietzsche ermutigte später Sigmund Freud seine Patienten, nicht aus moralischen Gründen zu viele Lebenswünsche zu unterdrücken, wenn sie nicht irgendwann am nichtgelebten Leben erkranken wollen: „Alle, die edler sein wollen, als ihre Konstitution es ihnen gestattet, verfallen der Neurose;" [137] Nietzsche hat das so formuliert:

Wollt Nichts über euer Vermögen: [...] Seid nicht tugendhaft über eure Kräfte! [138]

Gesund leben heißt bei Nietzsche und bei Freud: zu einem hohen Grad lustvoll leben und seine ureigensten Potentiale entfalten. Freud hat aus dieser Erkenntnis eine Therapie entwickelt, welche die Menschen von Hemmnissen aller Art befreit: von traumatisierenden Erlebnissen aus der Vergangenheit, von Gewissensbissen aus dem Über-Ich und vom Leiden am nicht gelebten Leben. Was nutzt uns aber Nietzsches Empfehlung der dionysischen Lebensart jenseits therapeutischer Techniken? Ist sie praktikabel? Müssen wir uns nicht doch alle an die kulturelle Sexualmoral und die gesellschaftlichen Normen halten?

Es mag tatsächlich gut tun, seine Wut auszuleben, dem Chef die Meinung zu sagen und z.B. seinen Job hinzuschmeißen. Es ist sicher auch verlockend, primär seinen Gefühlen, seiner Intuition und seiner Lust zu folgen. Doch bedeutet dies, wie Nietzsche auch selbst einräumt, in vielen Fällen nicht nur einen Verstoß gegen gesellschaftliche Regeln, sondern auch Schmerz und Wut bei den anderen. Dionysisch lebende Menschen sind für die Mitwelt meist sehr anstrengend. Man denke nur an die gebrochenen Frauenherzen, die ein Don Juan zurückgelassen hat oder an die zahllosen Beziehungskrisen, wenn Männer – die nach evolutionsbiologischen Erkenntnissen ohnehin eher zur Polygamie neigen – diese dionysischen Anteile ausleben. Man denke an die unabsehbaren Folgen der Vielzahl möglicher aggressiver und rauschhafter Racheakte.

Nietzsche meint allerdings mit dem Bekenntnis zum dionysischen Leben weitaus mehr, als seine sinnlichen Anteile entschlossen auszuleben. Ihm geht es, wie er wörtlich sagt, um eine „Lebenssteigerung", eine leidenschaftliche Entfaltung des „höheren Selbst":

Ein Jeder hat seinen guten Tag, wo er sein höheres Selbst findet; und die wahre Humanität verlangt, Jemanden nur nach

> diesem Zustande [...] zu schätzen.
> Man soll zum Beispiel einen Maler
> nach seiner höchsten Vision, die
> er zu sehen und darzustellen
> vermochte taxiren und verehren. [139]

So hat beispielsweise der Maler van Gogh allein seinem „höheren Selbst" und damit seiner dionysischen Vision vertraut. Er malte aus seiner tiefsten Empfindung heraus in einem von seinen Zeitgenossen völlig unverstandenen expressionistischen Stil, der erst Jahre nach seinem Tod weltberühmt werden sollte. Van Gogh selbst blieb zeitlebens unbekannt und starb in Armut. Heute sind seine Bilder die teuersten der Welt. Bei Nietzsche war das ähnlich. Er bezog zwar als ehemaliger Professor der Universität Basel seit seinem 35. Lebensjahr krankheitsbedingt eine kleine Pension, musste aber mangels Interesse von Verlegern und Lesern den Druck einiger seiner Bücher selbst finanzieren und wurde erst gegen Ende seines Lebens etwas bekannter. Doch eine gewisse Unabhängigkeit von der Anerkennung und der Meinung anderer gehört nach Nietzsche eben auch zu den drei Schlüsseleigenschaften des großen Menschen dazu, der nur seiner eigenen Natur vertraut:

> Erstens: er hat in seinem gesamten Thun [...] eine Fähigkeit, [...] alles kleine Zeug an sich zu verachten [...]. *Zweitens:* er ist *kälter, härter unbedenklicher* und ohne *Furcht vor der ‚Meinung'* [...].

> 3) er [...] weiß sich unmittheilbar [...]. Es ist eine Einsamkeit in ihm, [...] eine eigene Gerichtsbarkeit, welche keine Instanz über sich hat. [140]

Auch wenn Nietzsches Vision des neuen dionysischen Menschen an dieser Stelle ganz auf den Künstler zugeschnitten scheint, der sich jenseits gesellschaftlicher Zwänge entfaltet, können wir doch auch als „Nicht-Künstler" seinem Appell etwas abgewinnen. Gerade in der heutigen Zeit, in der wir alle in einer verkopften und medial geprägten Anpassungskultur leben, kann es überaus befreiend sein, wieder stärker die eigene Intuition zuzulassen.

Werde, der du bist!
Die drei Schritte auf dem Weg zum
Übermenschen

Die mit am häufigsten gebrauchten Worte von
Nietzsche sind „wagen", „etwas wagen" oder „Wagnis". Er fordert uns auf, den sicheren Hafen der Ge-
wohnheiten, der Moral und der Mittelmäßigkeit zu
verlassen im Hinblick auf die Entfesselung unserer
edelsten Antriebe:

> Wir aber *wollen Die werden, die
> wir sind*, [...] die Sich-selber-
> Schaffenden! [141]

Um unser höchstes kreatives Potential zu entfalten,
müssen wir an einem bestimmten Punkt unseres Lebens die Schwelle zu unserem verborgenen Wesenskern überschreiten. Wie aber komme ich an diese
Schwelle? Die Antwort gibt uns Nietzsches Prophet

Zarathustra gleich zu Beginn des gleichnamigen Buches in seinem berühmt gewordenen Gleichnis:

> Drei Verwandlungen nenne ich euch des Geistes: wie der Geist zum Kameele wird, und zum Löwen das Kameel, und zum Kinde zuletzt der Löwe. [142]

Es gibt demnach auf dem Weg zum Übermenschen drei Phasen im Leben der Individuen und der gesamten Zivilisation. Zunächst lebt man so, wie es einem von Eltern, Lehrern und Mentoren auferlegt wurde. Man schultert die gesamte Last der moralischen Erziehung und des angehäuften Wissens. Dies ist die Phase des duldsamen Kamels:

> [...] der tragsame Geist, so kniet er nieder, dem Kameele gleich, und will gut beladen sein. [143]

Zugleich steht das Kamel sinnbildlich für das Ertragen der jahrtausendelangen Bevormundung, Einschränkung und Unterdrückung der Menschen durch die Kirche. Doch irgendwann verwandelt sich das Kamel in einen kämpfenden Löwen und zerreißt alle moralischen Bande der Erziehung und der Gesellschaft. Dies ist die Phase des Erwachsenwerdens und der Befreiung. Wurde dem Kamel noch gesagt „du sollst", spricht nun der Löwe „ich will'„. Der Löwe steht somit für den Zusammenbruch der alten moralischen Werte und für die Morgendämmerung des heraufziehenden Nihilismus. Er ist der große Befreier vom Althergebrachten, aber er kann noch keine neuen Werte setzen:

> Neue Werthe schaffen – das vermag auch der Löwe noch nicht: aber Freiheit sich schaffen zu neuem Schaffen – das vermag die Macht des Löwen. [144]

Der Befreiungsschlag des Löwen ist kulturgeschichtlich und persönlich wichtig, aber noch keinesfalls das Ziel. Denn der mit der Befreiung aufbrechende Nihilismus aller Werte muss nach einiger Zeit selbst noch einmal überwunden werden. Man darf sich nicht im

Nihilismus einrichten. So sagt Nietzsche, dass es viele Menschen gibt, die stundenlang erzählen können, wovon sie sich befreit und was sie alles hinter sich gelassen haben. Aber, so Nietzsche, die bloße „Freiheit von etwas" genügt nicht:

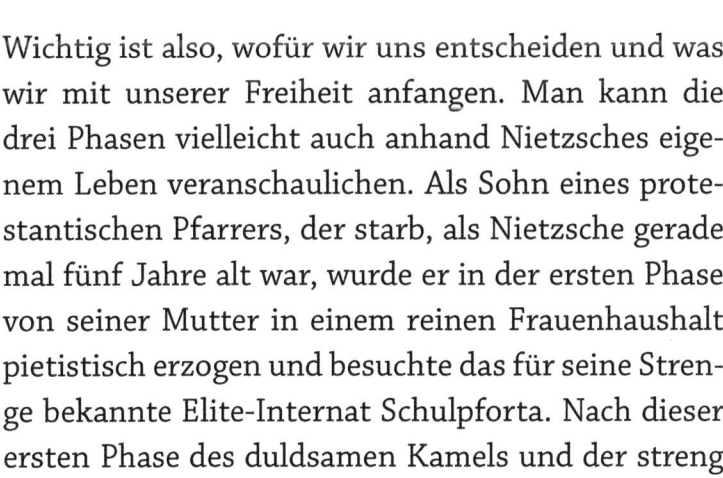

Deinen herrschenden Gedanken will ich hören und nicht, dass du einem Joche entronnen bist [...]. Frei wovon? Was schiert das Zarathustra! Hell aber soll mir dein Auge künden: Frei *wozu*? [145]

Wichtig ist also, wofür wir uns entscheiden und was wir mit unserer Freiheit anfangen. Man kann die drei Phasen vielleicht auch anhand Nietzsches eigenem Leben veranschaulichen. Als Sohn eines protestantischen Pfarrers, der starb, als Nietzsche gerade mal fünf Jahre alt war, wurde er in der ersten Phase von seiner Mutter in einem reinen Frauenhaushalt pietistisch erzogen und besuchte das für seine Strenge bekannte Elite-Internat Schulpforta. Nach dieser ersten Phase des duldsamen Kamels und der streng

religiösen Schulerziehung fiel Nietzsche mit einund-
zwanzig Jahren in einem Antiquariat Schopenhauers
Buch *Die Welt als Wille und Vorstellung* in die Hände.
Es begann die Phase des Löwen. Er verschlang Schopenhauers Hauptwerk in einem Zug, emanzipierte
sich radikal vom Christentum und wurde zu dessen
schärfsten Kritiker. Auch von der klassischen Geist-
philosophie sagte er sich komplett los. Aber erst in
einer dritten Lebensphase hat er dann mit seinem
poetischen Hauptwerk *Also sprach Zarathustra* und
seiner Vision des Übermenschen gewagt, dem eigenen Denken zu vertrauen und eine eigene Vision zu
entwickeln. Diese dritte Phase nennt Nietzsche in
seinem Gleichnis die Verwandlung des Löwen in ein
spielendes Kind:

> Aber sagt meine Brüder, was
> vermag noch das Kind, das auch
> der Löwe nicht vermochte? [146]

Die Verwandlung Löwen in das spielende Kind ist
zweifellos das auffälligste Bild, das uns Nietzsche
auf dem Weg zum „höheren Menschen" an die Hand

gibt, – vielleicht deshalb, weil man in der dritten und alles entscheidenden Phase der Verwandlung zum Übermenschen eher ein mächtiges, vor Kraft strotzendes Tier oder vielleicht sogar ein unbesiegbares Fabelwesen erwartet – jedenfalls alles andere als ein spielendes Kind.

Man versteht aber intuitiv den Sinn der letzten Verwandlung. Nur ein spielendes Kind hat die entscheidenden Potentiale des höheren Menschen, die jetzt gebraucht werden. Es ist frei von altem Ballast, unschuldig, neugierig, vital, voller Tatendrang und völlig unverdorben:

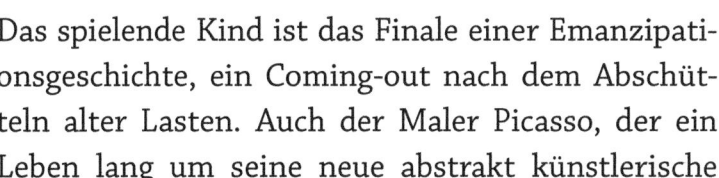

Unschuld ist das Kind und Vergessen, ein Neubeginnen, ein Spiel, ein aus sich rollendes Rad, eine erste Bewegung, ein heiliges Ja-sagen. Ja zum Spiele des Schaffens […]. [147]

Das spielende Kind ist das Finale einer Emanzipationsgeschichte, ein Coming-out nach dem Abschütteln alter Lasten. Auch der Maler Picasso, der ein Leben lang um seine neue abstrakt künstlerische

Ausdrucksform gerungen hat, beschreibt seine Befreiung vom Joch der traditionellen Malerei mit einer ähnlichen Metapher: „Man braucht sehr lange, um jung zu werden."

Genau das ist auch die Botschaft Nietzsches. Es dauert lange, bis wir so jung werden, dass wir uns wieder als spielendes Kind unbelastet der Welt nähern können:

Reife des Mannes: das heisst, den Ernst wiedergefunden haben, den man als Kind hatte, beim Spiel. [148]

Was nutzt uns Nietzsches Gedanke aber heute noch? Durchläuft jeder von uns die drei Phasen des Kamels, des Löwen und des spielenden Kindes? Besteht auch in einem ganz normalen Menschenleben die Chance, zu einem bestimmten Zeitpunkt wieder jung zu werden? Ist vielleicht die Midlifecrisis so ein Punkt, an dem man alte Lasten abschütteln und sich nochmal neu erfinden kann? Meint Nietzsche vielleicht den

Ehemann, der, nachdem die Kinder aus dem Haus sind, plötzlich seinen Job kündigt und mit einer Harley Davidson um die Welt fährt? Nein – Nietzsche fordert in seiner poetischen Sprache weitaus mehr:

> Bist du eine neue Kraft und ein neues Recht? Eine erste Bewegung? Ein aus sich rollendes Rad? Kannst du auch Sterne zwingen, dass sie um dich sich drehen? [149]

Es geht Nietzsche also um mehr als eine hedonistische oder berufliche Neuorientierung. Der Weg zum höheren Menschen ist ein existenzieller Akt der Selbststeigerung. Im spielenden Kind wird der menschliche Geist zu dem, der er eigentlich ist und sein kann – er wird frei. Er entscheidet jetzt selbst, in welche Richtung sein Leben gehen soll.

Fasst man alle Charakteristika zusammen, die uns Nietzsche zum Übermenschen gibt, dann ist der Übermensch zugleich ein neugieriges, spielendes Kind, ein schöpferisches Wesen, das leidenschaftlich und uneitel seinem höchsten Ziel verpflichtet ist. Es verfolgt aber auch seinen Willen zur Macht. Wenn es sein höchstes Ziel gefunden hat, nimmt es – hart gegen sich selbst und andere – jedes Opfer auf sich.

Was heißt das aber für uns? Kann der normale Mensch den Weg in Richtung Übermensch einschlagen, die dreifache Verwandlung vom Kamel über den Löwen zum spielenden Kind vollziehen? Nietzsches Appell richtet sich, wie er selbst sagt, an alle, die ihn hören wollen. Doch auf dem Weg aus der Sklaverei zur freien Selbstentfaltung bedarf es einer sehr pragmatischen, aber wichtigen Voraussetzung – der Zeit:

> Alle Menschen zerfallen, wie zu allen Zeiten so auch jetzt noch, in Sclaven und Freie; denn wer von seinem Tage nicht zwei Drittel für sich hat, ist ein Sclave, er sei übrigens wer er wolle: Staatsmann, Kaufmann, Beamter, Gelehrter. [150]

Eine große Voraussetzung der eigenen schöpferischen Entfaltung ist also Zeit zu haben, das kreative Potential in sich zu spüren und zu verwirklichen. Nach einem Acht-Stundentag bleibt vieles auf der Strecke. In Frankreich gibt es bereits in vielen Bereichen den Sechs-Stunden-Arbeitstag, was bei wenig Schlaf tatsächlich zwei Drittel des Tages zur schöpferischen Entfaltung übrig ließe. Haben also beispielsweise die Franzosen oder Menschen mit Halbtagsjobs eine größere Chance, sich dionysisch zu entfalten? Und vor allem – ist die Selbststeigerung des eigenen Lebens nur Künstlern, Schriftstellern, Poeten, Malern, Komponisten etc. vorbehalten oder kann zum Beispiel auch eine alleinerziehende Mutter auf dem Weg zu einem solchen „höheren Wesen" sein? Hat sie nicht auch ein edles Ziel, für das sie ihre alte Welt hinter sich lässt und für das sie viele Opfer zu bringen bereit ist?

Zweifellos erfüllt sie eine Vielzahl der Charakteristika des Übermenschen. Wenn sie intuitiv dionysisch die Herausforderung annimmt, das Kind zur Welt bringt, in einer zweiten Phase ihr altes Single-Leben komplett aufgibt und sich von allen gesellschaftlichen Konventionen und Widerständen befreit und dann noch in einer dritten Phase den Balanceakt schafft, dem Kind den Vater zu ersetzen, ihm Liebe und Sicherheit zu geben, ohne es dabei zu erdrücken, dann ist dies eine enorme Willensleistung. Wie bei vielen großen Künstlern bleibt diese Leistung in der

Regel gesellschaftlich völlig unbemerkt. Dies entspricht aber voll und ganz dem „uneitlen Charakter" des Übermenschen, den Nietzsche immer wieder betont, und würde dafür sprechen, dass ihre Lebensleistung der eines höheren Menschen gleichkommt.

Eine Alleinerziehende – ein Übermensch wie Goethe, Napoleon oder van Gogh? Darf man Nietzsches Vision des höheren, edlen Menschen tatsächlich als Aufforderung an uns alle verstehen, unsere edelsten Potentiale zu entfalten?

> Man vergilt einem Lehrer schlecht, wenn man immer nur der Schüler bleibt [...]. [151]

Ja sagen zum Leben – die Freuden und die Leiden umarmen, ganz!

Was nützt uns Nietzsches Kerngedanke heute? Er will uns mit seiner Philosophie letztlich etwas sehr Einfaches sagen. Das Leben, und zwar jedes Leben, ist immer auch leidvoll. Es gibt kein einziges menschliches Wesen auf der ganzen Welt, das vom Leid unbehelligt bleibt, das nicht irgendwann einmal verlassen wird, einsam ist, einen vertrauten Menschen durch Tod verliert, nie versagt, nie andere und sich selbst verletzt, nie eine große Niederlage hinnehmen muss oder irgendwann von Altersschwäche und Krankheiten geplagt wird. Soviel Freude uns auch Kinder machen, selbst da gilt der Spruch: kleine Kinder kleine Sorgen, große Kinder große Sorgen. Keine Frage, Leben, soviel steht fest, heißt immer auch Leiden.

Diese unbestreitbare und tiefe Einsicht teilt Nietzsche mit seinem Lehrmeister Schopenhauer, aber er zieht daraus eine andere, radikalere Konsequenz. Wir dürfen angesichts dieses Leidens auf keinen Fall „Nein" sagen zum Leben. Statt uns in Askese, Meditation und Kunstgenuss zurückziehen, wie dies Schopenhauer und die Buddhisten empfehlen, mutet uns Nietzsche eine weitaus größere Aufgabe zu. Wir müssen das Leben in seiner Ganzheit annehmen und unser Magen ist durchaus in der Lage, die Zumutungen des Lebens zu verdauen:

Muth zum Leiden. – So wie wir jetzt sind, können wir eine ziemliche Menge von Unlust ertragen, und unser Magen ist auf diese schwere Kost eingerichtet. Vielleicht fänden wir ohne sie die

Mahlzeit des Lebens fade: und ohne den guten Willen zum Schmerze würden wir allzu viele Freuden fahren lassen müssen! [152]

Nietzsche empfiehlt uns also an dieser Stelle den „Willen zum Schmerze" und den „Muth zum Leiden", denn beides gehört zum menschlichen Dasein dazu. Wir erinnern uns: Auch der antike Held in der klassischen Tragödie kämpft gegen übermächtige Gegner, erleidet zahlreiche Qualen und trotzdem, oder gerade deshalb, ist er ein Held. Jeder Einzelne, so ruft Nietzsche uns zu, trägt das Heldenhafte in sich und sollte es leben:

Wir müssen tragische Menschen werden. Nietzsches dionysischer Zugang zum Leiden, das eben nicht wie im Christentum als Strafe, sondern ganz im Gegenteil als Auszeichnung empfunden wird, hat niemand so gut auf den Punkt gebracht wie Nietzsches sehr geschätzter Bruder im Geiste, der Schriftsteller Goethe: „Alles geben die Götter, die unendlichen, Ihren Lieblingen ganz, Alle Freuden, die unendlichen, Alle Schmerzen, die unendlichen, ganz."

Ja sagen zum Leben, bedeutet also, die großen und kleinen Schmerzen, die das Leben mit sich bringt, anzunehmen, denn Lust und Leid sind untrennbar miteinander verknüpft:

Schmerz ist auch eine Lust, Fluch ist auch ein Segen, Nacht ist auch eine Sonne [...]. Sagtet ihr jemals Ja zu Einer Lust? Oh, meine Freunde, so sagtet ihr Ja auch zu *allem* Wehe. Alle Dinge sind verkettet, verfädelt, verliebt, – [154]

Wenn aber alle Dinge untrennbar verkettet sind, kann man konsequenterweise nicht nur die Lust immer wieder aufs Neue auskosten wollen, sondern muss auch zu den dunklen Dingen des Lebens uneingeschränkt ja sagen:

[...] liebt sie ewig und allezeit: und auch zum Weh sprecht ihr: vergeh, aber komm zurück! [155]

Wenn uns das gelingt, werden wir belohnt. Leidvolle Ereignisse führen oft dazu, dass wir gefestigter aus solchen Situationen hervorgehen. Vielleicht haben auch diese und ähnliche Erfahrungen Nietzsche zu seinem vielzitierten Ausspruch veranlasst:

Was mich nicht umbringt, macht mich stärker. [156]

Es verwundert nicht, dass Menschen auf der ganzen Welt gerade diesen Satz so oft mit einem Augenzwinkern zitieren, wenn wieder mal etwas gründlich gescheitert oder schmerzhaft geworden ist. Angesichts der vielen Verletzungen seelischer und körperlicher Natur stellt sich die Frage, woher wir unsere Entschlossenheit nehmen, uns im Sinne Nietzsches jeden Tag tragisch dionysisch auf das Leben einzulassen:

[...] Aber vielleicht ist diess der stärkste Zauber des Lebens: es liegt ein golddurchwirkter Schleier von schönen Möglichkeiten über ihm, verheissend, widerstrebend, schamhaft, spöttisch, mitleidig, verführerisch. [157]

Der Zauber des Lebens selbst verführt uns also zum Weitermachen, gibt unserem Willen neue Nahrung, etwas zu schaffen:

Schaffen - das ist die grosse Erlösung vom Leiden, und des Lebens Leichtwerden. Aber dass der Schaffende

sei, dazu selber thut Leid noth und viel Verwandelung. [158]

Im Schaffen können wir uns also ein Stück weit vom Leid befreien. So schwärmen viele vom so genannten „Flow", einem erhebenden Zustand, in dem man ganz in seiner Arbeit aufgeht. Doch auch dieses Schaffen beruht auf Verwandlung und Leid. Das Leben in seiner Tiefe verlangt alles zugleich, die Verwandlung, den Schmerz und die Lust – als ein ständiges Auf und Ab:

,Die Welt ist tief,
,Und tiefer als der Tag gedacht.
,Tief ist ihr Weh -,
,Lust - tiefer noch als Herzeleid:
,Weh spricht: Vergeh!
,Doch alle Lust will Ewigkeit -
,- will tiefe, tiefe Ewigkeit' [159]

Nietzsche ist der große Vertreter der Lebensphilosophie. Obwohl er als Psychologe und Philosoph wie kein anderer vor oder nach ihm die Schwächen der Menschen – ihre Eitelkeit, ihre Ressentiments und ihre Verehrung falscher Götzen – messerscharf erkannt hat, legte er ein uneingeschränktes Bekenntnis zum Leben ab. Und obwohl er selbst eher zurückgezogen und einsam seine Bücher verfasste, brach er eine Lanze für die Sinnlichkeit, den Leib und die dionysische Entfaltung. Das großartige Erbe, das er uns hinterlassen hat, ist sein leidenschaftlicher Appell zur Befreiung vom Rationalismus. Nicht die

Vernunft, nicht der Intellekt und nicht das logisch ordnende Denken darf der alleinige Steuermann unseres Daseins sein, sondern immer auch das Kind in uns:

[...] man muss noch Chaos in sich haben, um einen tanzenden Stern gebären zu können. [160]

Zitatverzeichnis

Sämtliche Nietzsche-Zitate stammen aus: Friedrich Nietzsche, Kritische Studienausgabe (KSA) in 15 Bänden, hrsg. von Giorgio Colli und Mazzino Montinari, Deutscher Taschenbuch Verlag, München 1999

1. Zitat, Also sprach Zarathustra, KSA Band 4, Von der schenkenden Tugend, S. 102, im Folgenden zitiert als „Zarathustra, KSA 4"
2. Zitat, Die fröhliche Wissenschaft, KSA Band 3, Der tolle Mensch, Aphorismus 125, S. 481, im Folgenden zitiert als „Die fröhliche Wissenschaft, KSA 3"
3. Zitat, Nachgelassene Fragmente 1887 – 1889, KSA Band 13, S. 189, im Folgenden zitiert als „Nachlaß 1887 – 1889, KSA 13"
4. Zitat, Die fröhliche Wissenschaft, KSA 3, Der tolle Mensch, Aphorismus 125, S. 480 f.
5. Zitat, ebenda, S. 481
6. Zitat, Menschliches, Allzumenschliches, KSA Band 2, Von den ersten und letzten Dingen, Privat- und Welt-Moral, Aphorismus 25, S. 46, im Folgenden zitiert als „Menschliches, Allzumenschliches, KSA 2"
7. Zitat, Nachlaß 1887 -1889, KSA 13, S. 92
8. Zitat, Morgenröthe, KSA Band 3, Muth in der Partei, Aphorismus 419, S. 256, im Folgenden zitiert als „Morgenröthe, KSA 3".
9. Zitat, Götzen-Dämmerung oder Wie man mit dem Hammer philosophirt, KSA Band 6, Sprüche und Pfeile, Aphorismus 14, S. 61, im Folgenden zitiert als „Götzen-Dämmerung, KSA 6"
10. Zitat, Nachlaß 1987 - 1989, KSA 13, S. 365
11. Zitat, Nachgelassene Fragmente 1885 – 1887, KSA Band 12, S. 321, im Folgenden zitiert als „Nachlaß 1885 - 1887, KSA 12"
12. Zitat, Menschliches, Allzumenschliches, KSA 2, Der Socialismus in Hinsicht auf seine Mittel, Aphorismus 473, S. 307 f.
13. Zitat, Morgenröthe, KSA 3, Grundgedanke einer Cultur der Handeltreibenden, Aphorismus 175, S. 155 f.
14. Zitat, Götzen-Dämmerung, KSA 6, Streifzüge eines Unzeitgemässen,

Kritik der Modernität, Aphorismus 39, S. 141

15   Zitat, Die fröhliche Wissenschaft, KSA 3, Der tolle Mensch,
     Aphorismus 125, S. 481

16   Zitat, Zarathustra, KSA 4, Von der schenkenden Tugend, S. 102

17   Zitat, ebenda, Vorrede, S. 14

18   Zitat, ebenda, S. 16

19   Zitat, ebenda, Das Honig-Opfer, S. 297

20   Zitat, Nachgelassene Fragmente 1884 -1885, KSA Band 11, S. 611,
     im Folgenden zitiert als „Nachlaß 1884 – 1885, KSA 11"

21   Zitat, Nachlaß 1887 – 1889, KSA 13, S. 266

22   Zitat, ebenda, S. 471 f.

23   Zitat, Der Antichrist. Fluch auf das Christentum, KSA Band 6, S.170,
     im Folgenden zitiert als „Der Antichrist, KSA 6"

24   Zitat, Nachlaß 1887 - 1889, KSA 13, S. 235 f.

25   Zitat, Die Geburt der Tragödie, KSA Band 1, S. 151, im Folgenden
     zitiert als „Die Geburt der Tragödie, KSA 1"

26   Zitat, ebenda, S. 152

27   Zitat, Götzen-Dämmerung, KSA 6, S. 72

28   Zitat, ebenda

29   Zitat, Die Geburt der Tragödie, KSA 1, S. 132

30   Zitat, Zur Genealogie der Moral, KSA Band 5, S. 267, im Folgenden
     zitiert als „Zur Genealogie der Moral, KSA 5"

31   Zitat, ebenda, S. 286

32   Zitat, Nachlaß 1984 – 1985, KSA 11, S. 102

33   Zitat, Der Antichrist, KSA 6, Aphorismus 62, S. 252

34   Zitat, Nachlaß 1885 – 1887, KSA 12, S. 268

35   Zitat, ebenda

36   Zitat, Morgenröthe, KSA 3, Aphorismus 185, S. 160

37   Zitat, Nachlaß 1887 - 1889, KSA 13, S. 473

38   Zitat, Nachlaß 1884 - 1885, KSA 11, S. 557

39   Zitat, Nachlaß 1887 - 1889, KSA 13, S. 266 f.

40   Zitat, Menschliches, Allzumenschliches, KSA 2, Der Wanderer und
     sein Schatten, Heiland und Arzt, Aphorismus 83, S. 590

41   Zitat, Zarathustra, KSA 4, Vorrede, S. 14

42   Zitat, Zur Genealogie der Moral, KSA 5, S. 321 f.

43   Zitat, ebenda, S. 322

44   Zitat, ebenda

45   Zitat, ebenda

46   Zitat, ebenda

47   Zitat, ebenda

48   Zitat, ebenda

49   Zitat, ebenda, S. 323

50   Zitat, ebenda, S. 322 f.

51   Zitat, ebenda, S. 323

52   Zitat, Nachlaß 1887 -1889, KSA 13, S. 461

53   Zitat, Menschliches, Allzumenschliches, KSA 2, Der Wanderer und
     sein Schatten, Inhalt des Gewissens, Aphorismus 52, S. 576

54   Zitat, Nachgelassene Schriften, 1870 – 1873, Ueber Wahrheit und
     Lüge im aussermoralischen Sinne, KSA Band 1, S. 877,
     im Folgenden zitiert als „Ueber Wahrheit und Lüge, KSA 1"

55   Zitat, ebenda, S. 878

56   Zitat, ebenda, S. 877

57   Zitat, ebenda, S. 880

58   Zitat, ebenda

59   Zitat, ebenda, S. 879 und 882

60   Zitat, ebenda, S. 880

61   Zitat, ebenda, S. 884

62   Zitat, ebenda, S. 880 f.

63   Zitat, ebenda, S. 881

64   Zitat, Nachgelassene Fragmente 1880 - 1882, Band 9, S. 327,
     im Folgenden zitiert als „Nachlaß 1880 -1882, KSA 9"

65   Zitat, Ueber Wahrheit und Lüge, KSA 1, S. 888

66   Zitat Nachlass 1887 -1889, KSA 13, S. 44

67   Zitat, Nachlaß 1884 -1885, KSA 11, S. 610 f.

68   Zitat, Nachlaß 1887 -1889, KSA 13, S. 261

69   Zitat, ebenda

70   Zitat, Nachlaß 1884 -1885, KSA 11, S. 504

71   Zitat, Nachlaß 1885 -1887, KSA 12, S. 424

72   Zitat, Nachlaß 1887 -1889, KSA 13, S. 262

73   Zitat, Nachlaß 1885 -1887, KSA 12, S. 105

74   Zitat, ebenda, S. 89

75   Zitat, ebenda, S. 167

76   Zitat, ebenda

77   Zitat, Menschliches, Allzumenschliches, KSA 2,
     Vermischte Meinungen und Sprüche, Zu Gunsten der Kritiker,
     Aphorismus 164, S. 445

78 Zitat, Götzen-Dämmerung, KSA 6, Mein Begriff von Freiheit,
    Aphorismus 38, S. 140
79 Zitat, ebenda
80 Zitat, Der Antichrist, KSA 6, S. 171
81 Zitat, Menschliches, Allzumenschliches, KSA 2, Anzeichen höherer
    und niederer Cultur, Renaissance und Reformation, Aphorismus 237,
    S. 199
82 Zitat, Nachlaß 1885 -1887, KSA 12, S. 524
83 Zitat, ebenda, S. 398
84 Zitat: Helmut Schmidt, in: Giovanni di Lorenzo, Gespräch mit dem
    damaligen Bundeskanzler Helmut Schmidt über die
    Grenzerfahrungen seines Lebens, DIE ZEIT, 30.08.2007, Nr. 36,
    Hamburg 2007
85 Zitat ebenda
86 Zitat, Menschliches, Allzumenschliches, KSA 2, Ein Blick auf den
    Staat, Der Krieg ist unentbehrlich, Aphorismus 477, S. 311 f.
87 ebenda
88 Zitat, Zur Genealogie der Moral, KSA 5, S. 275
89 Zitat, Zarathustra, KSA 4, Von alten und neuen Tafeln, S. 261
90 Zitat, Die fröhliche Wissenschaft, KSA 3, Wir Heimatlosen,
    Aphorismus 377, S. 630 f.
91 Zitat, ebenda, Die Gläubigen und ihr Bedürfnis nach Glauben,
    Aphorismus 347, S. 583
92 Zitat, Morgenröthe, KSA 3, Sich über seine Erbärmlichkeit zu heben,
    Aphorismus 369, S. 244
93 Zitat, Zarathustra, KSA 4, Von der schenkenden Tugend, S. 102
94 Zitat, Nachlaß 1885 -1887, KSA 12, S. 225
95 Zitat, Die fröhliche Wissenschaft, KSA 3, Vorbereitende Menschen,
    Aphorismus 283, S. 526
96 Zitat, Nachlaß 1885 -1887, KSA 12, S. 530
97 Zitat, Zarathustra, KSA 4, Von der Selbst-Überwindung, S. 148
98 Zitat, Nachlaß 1887 -1889, KSA 13, S. 303
99 Zitat, Der Antichrist, KSA 6, S. 171
100 Zitat, Zarathustra, KSA 4, Vom höheren Menschen, S. 357
101 Zitat, Nachlaß 1887 -1889, KSA 13, S. 498
102 Zitat, Zarathustra, KSA 4, Vom neuen Götzen, S. 63
103 Zitat, Götzen-Dämmerung, KSA 6, Sprüche und Pfeile,
    Aphorismus 12, S. 61

104 Zitat, Morgenröthe, KSA 3, Ohne Eitelkeit, Aphorismus 394, S. 251

105 Zitat, Ecce Homo, KSA 6, Warum ich so klug bin, S. 297

106 Zitat, Der Antichrist, KSA 6, S. 171

107 Zitat, Nachlaß 1885 -1887, KSA 12, S. 213

108 Zitat, Der Antichrist, KSA 6, S. 171

109 Zitat, Nachlaß 1880 -1882, KSA 9, S. 472 f.

110 Zitat, Nachlaß 1885 -1887, KSA 12, S. 213

111 Zitat, Nachlaß 1884 -1885, KSA 11, S. 610

112 Zitat, ebenda, S. 611

113 Zitat, Zarathustra, KSA 4, Von neuen und alten Tafeln, S. 253

114 Zitat, ebenda, Der Genesende, S. 273

115 Zitat, Morgenröthe, KSA 3, Der Dämon der Macht,
     Aphorismus 262, S. 209

116 Zitat, Nachlaß 1885 -1887, KSA 12, S. 167

117 Zitat, ebenda, S. 524

118 Zitat, Der Antichrist, KSA 6, Fluch auf das Christentum, S.170

119 Zitat, Die fröhliche Wissenschaft, KSA 3, Hoch die Physik!,
     Aphorismus 335, S. 563

120 Zitat, Nachlaß 1885 -1887, KSA 12, S. 524

121 Zitat, Nachlaß 1887 -1889, KSA 13, S. 62

122 Zitat, Zarathustra, KSA 4, Vom Wege des Schaffenden, S. 81

123 Zitat, Jenseits von Gut und Böse, KSA, Band 5, Aphorismus 215,
     S. 152, im Folgenden zitiert als „Jenseits von Gut und Böse, KSA 5"

124 Zitat, Nachlaß 1882 -1884, KSA 10, S. 462

125 Zitat, Nachlaß 1875 - 1879, KSA 8, S. 48

126 Zitat, Morgenröthe, KSA 3, Aus einer möglichen Zukunft,
     Aphorismus 187, S. 160

127 Zitat, Nachlaß 1880 -1882, KSA 9, S. 209

128 Zitat, Zarathustra, KSA 4, Von neuen Götzen, S. 62 f.

129 Zitat, Nachlaß 1887 -1889, KSA 13, S. 472

130 Zitat, Nachlaß 1880 -1882, KSA 9, S. 206

131 Zitat, Zarathustra, KSA 4, Von den Verächtern des Leibes, S. 39

132 Zitat, ebenda

133 Zitat, ebenda

134 Zitat, ebenda

135 Zitat, Nachlaß, KSA 13, S. 266

136 Zitat, ebenda, S. 464

137 Zitat, Sigmund Freud, Die kulturelle Sexualmoral und die moderne Nervosität, Gesammelte Werke, 2. Auflage, Frankfurt a. Main 1964, Band VII, S. 154

138 Zitat, Zarathustra, KSA 4, Vom höheren Menschen, S. 360, S.363

139 Zitat, Menschliches, Allzumenschliches, KSA 2, Der Mensch mit sich allein, Aphorismus 624, S. 351

140 Zitat, Nachlaß 1884 -1885, KSA 11, S. 452

141 Zitat, Die fröhliche Wissenschaft, KSA 3, Hoch die Physik, S. 563

142 Zitat, Zarathustra, KSA 4, Von den drei Verwandlungen, S. 29

143 Zitat, ebenda

144 Zitat, ebenda, Von den drei Verwandlungen, S. 30

145 Zitat, ebenda, Vom Wege des Schaffenden, S. 81

146 Zitat, ebenda, Von den drei Verwandlungen, S. 31

147 Zitat, ebenda

148 Zitat, Jenseits von Gut und Böse, KSA 5, Aphorismus 94, S. 90

149 Zitat, Zarathustra, KSA 4, Vom Wege des Schaffenden, S. 80

150 Zitat, Menschliches, Allzumenschliches, KSA 2, Anzeichen höherer und niederer Cultur, Hauptmangel der tätigen Menschen, Aphorismus 283, S. 231 f.

151 Zitat, Zarathustra, KSA 4, Von der schenkenden Tugend, S. 101

152 Zitat, Morgenröthe, KSA 3, Aphorismus 354, S. 240

153 Zitat, Die Geburt der Tragödie, KSA 1, S. 132

154 Zitat, Zarathustra, KSA 4, Das Nachtwandler-Lied, S. 402

155 Zitat, ebenda

156 Zitat, Götzen-Dämmerung, KSA 6, Sprüche und Pfeile, Aphorismus 8, S. 60

157 Zitat, Die Fröhliche Wissenschaft, KSA 3, S. 569

158 Zitat, Zarathustra, KSA 4, Auf den glückseligen Inseln, S. 110

159 Zitat, ebenda, Das Nachtwandler-Lied, S. 404

160 Zitat, ebenda, Zarathustra's Vorrede, S. 19

In dieser Reihe erschienen:

Walther Ziegler
Adorno in 60 Minuten
1. Auflage: Oktober 2017
96 Seiten, Paperback, € 9,99
ISBN 9783-7-4486-463-3

Walther Ziegler
Camus in 60 Minuten
1. Auflage: April 2015
84 Seiten, Paperback, € 9,99
ISBN 978-3-7347-8170-4

Walther Ziegler
Freud in 60 Minuten
1. Auflage: April 2015
96 Seiten, Paperback, € 9,99
ISBN 978-3-7347-8024-0

Walther Ziegler
Habermas in 60 Minuten
1. Auflage: März 2017
128 Seiten, Paperback, € 9,99
ISBN 978-3-7431-8732-0

Walther Ziegler
Hegel in 60 Minuten
1. Auflage: April 2015
128 Seiten, Paperback, € 9,99
ISBN 978-3-7347-8128-5

Walther Ziegler
Heidegger in 60 Minuten
1. Auflage: April 2015
108 Seiten, Paperback, € 9,99
ISBN 978-3-7347-8169-8

Walther Ziegler
Kant in 60 Minuten
1. Auflage: April 2015
144 Seiten, Paperback, € 9,99
ISBN 978-3-7347-8172-8

Walther Ziegler
Marx in 60 Minuten
1. Auflage: April 2015
112 Seiten, Paperback, € 9,99
ISBN 978-3-7347-8154-4

Walther Ziegler
Nietzsche in 60 Minuten
1. Auflage: Oktober 2017
152 Seiten, Paperback, € 9,99
ISBN 978-3-7448-6482-4

Walther Ziegler
Rousseau in 60 Minuten
1. Auflage: April 2015
112 Seiten, Paperback, € 9,99
ISBN 978-3-7347-2555-5

Walther Ziegler
Sartre in 60 Minuten
1. Auflage: April 2015
116 Seiten, Paperback, € 9,99
ISBN 978-3-7347-8156-8

Walther Ziegler
Schopenhauer in 60 Minuten
1. Auflage: Dezember 2017
xxx Seiten, Paperback, € 9,99
ISBN xxx

Walther Ziegler
Smith in 60 Minuten
1. Auflage: April 2015
100 Seiten, Paperback, € 9,99
ISBN 978-3-7347-8157-5

Walther Ziegler
Platon in 60 Minuten
1. Auflage: April 2015
112 Seiten, Paperback, € 9,99
ISBN 978-3-7347-8158-2

Große Denker in 60 Minuten

Sämtliche Bücher der Reihe sind auch gebunden als Hardcover im gleichen Verlag erschienen.

Demnächst in dieser Reihe:

Walther Ziegler
Arendt in 60 Minuten

Walther Ziegler
Bacon in 60 Minuten

Walther Ziegler
Descartes in 60 Minuten

Walther Ziegler
Foucault in 60 Minuten

Walther Ziegler
Hobbes in 60 Minuten

Walther Ziegler
Popper in 60 Minuten

Walther Ziegler
Rawls in 60 Minuten

Walther Ziegler
Wittgenstein in 60 Minuten

Der Autor:

Dr. Walther Ziegler hat Philosophie, Geschichte und Politik studiert. Als Auslandskorrespondent, Reporter und Nachrichtenchef des Fernsehsenders ProSieben produzierte er Filme auf allen Kontinenten. Seine Reportagen wurden mehrfach preisgekrönt. Seit 2007 bildet er in München junge TV-Journalisten aus und leitet die Medienakademie auf dem Gelände der Bavaria Film, eine Hochschulbildungseinrichtung für Film- und Fernsehstudiengänge. Er ist zugleich Autor zahlreicher philosophischer Bücher. Als langjährigem Journalisten gelingt es ihm, das komplexe Wissen der großen Philosophen spannend und verständlich darzustellen.